Ein Mensch namens Karam Khella

Die Autobiographie

Eine Erkenntnisbiographie

AF547467

Ein Mensch namens Karam Khella

Die Autobiographie

Eine Erkenntnisbiographie

Theorie und Praxis Verlag

Die Deutsche Bibliothek – CIP Titelaufnahme
Ein Mensch namens Karam Khella
Die Autobiographie Eine Erkenntnisbiographie
Karam Khella Hamburg: Theorie und Praxis Verl.
ISBN 978-9-3-939710-12-7

Umschlagfoto: © Marvin Hackfort

Alle Rechte vorbehalten

© Copyright bei Dr. Karam Khella
Sämtliche Rechte sind urheberrechtlich geschützt.
Das Werk darf – auch auszugsweise – ohne ausdrückliche Genehmigung des Verfassers nicht in gedruckter, kopierter, akustischer Form durch EDV oder durch ein anderes Verfahren reproduziert oder gespeichert werden.

– 2. Auflage – 2023

Theorie und Praxis Verlag
Goldbachstrasse 2
D 22765 Hamburg
info@tup-verlag.com
www.tup-verlag.com

Inhaltsverzeichnis

Zum Geleit

Es war im Jahr 1991, als wir unseren Freund, den Wissenschaftler Karam Khella, kennenlernten.
1991 war bekanntlich das Jahr, in welchem der Irak unter dem Vorwand „Kuwait müsse befreit werden" angegriffen wurde. Überall auf der Welt bildeten sich Antikriegs-Komitees und Bewegungen gegen den Krieg. So auch in Basel. Ein damaliger Genosse von uns kannte da einen Hochschullehrer aus Hamburg, einen gewissen Dr. Karam Khella, und empfahl ihn für eine Veranstaltung des „Komitees kein Krieg am Golf" als Referenten.
Wir wurden angefragt, ob wir den Professor aus Hamburg in unserer Wohnung beherbergen könnten.
So kam es zu unserer ersten Begegnung mit Karam Khella.
Karams Referat unterschied sich von den anderen Referaten der Veranstaltung grundsätzlich: Er stellte die Aggression der USA und der NATO gegen den Irak in einen historischen und globalen Kontext. Diese Einordnung in eine Kontinuität der anhaltenden Aggressivität des Nordens gegen den Süden war zwar nicht gänzlich neu für uns; noch nie jedoch hatte jemand diesen Sachverhalt so klar und so verständlich dargelegt.
Dies war der Beginn einer bis heute andauernden Freundschaft.
Ganz bestimmt ist diese Freundschaft wegen Karams warmer und gewinnender Art anderen Menschen gegenüber entstanden. Einen gewichtigen Anteil an dieser nunmehr seit über 20 Jahre andauernden Beziehung trägt aber auch Karam Khella als Autor, Wissenschaftler und Referent. Die Erkenntnisse, die er während seines Lebens machte und noch immer macht und an denen er seine Mitmenschen freigiebig teilhaben läßt, sind eine Quelle des Wissens, die nicht hoch genug eingeschätzt werden kann.
Schon kurz nach der Abreise von Karam Khella fanden wir in unserer Post Einladungen zu Veranstaltungen und Seminaren, welche Khella anbot. Einige diese Einladungen konnten wir wahrnehmen, andere nicht. Vor allem haben wir uns an den Wochenendseminaren beteiligt, deren Vorteile und Ziele in diesem Buch beschrieben werden.
Das Resultat dieser Wochenendseminare war zweifellos ein sich jeweils steigernder Erkenntnisgewinn, aber nicht nur: Über die Jahre hinweg sind daraus solide Freundschaften und Bündnisse entstanden, welche für die Praxis und die politische Analyse der Ereignisse für uns unentbehrlich geworden sind.
Unter anderem erscheinen als Folge dieser Zusammenschlüsse die ebenfalls in dieser Schrift erwähnten Periodika Risāla und Risāla aktuell.

Im Jahr 2011, im jugendlichen Alter von 77 Jahren, entschloß sich Karam dazu, der Öffentlichkeit seine Autobiographie zugänglich zu machen.
Als er uns von diesem Plan erzählte, waren wir erst mal hocherfreut. Als er weiter sprach waren wir erschrocken. Karam fragte uns nämlich, ob wir bereit wären, Lektorat und Bearbeitung der geplanten Autobiographie gemeinsam mit ihm zu übernehmen. Dies war natürlich einerseits eine große Ehre für uns, andererseits waren wir uns aber auch nicht sicher, ob wir dieser Aufgabe gewachsen sind.
Wenn Karam Khella ein Referat hält, muß man sich auf Überraschungen gefaßt machen. Es kann durchaus sein, daß liebgewonnene Welt- und Theoriebilder zusammenbrechen und durch andere, stichhaltige Denkmodelle ersetzt werden.
Wenn Karam Khella seine Autobiographie schreibt, verhält es sich ähnlich: Man mache sich auf Überraschungen gefaßt! Herkömmliche Autobiographien behandeln das Leben und das Lebenswerk der jeweiligen Autoren. Vordergründig macht da die Autobiographie von Karam Khella keine Ausnahme. Schon nach wenigen Seiten wird jedoch klar, daß es sich hier weniger um einen niedergeschriebenen Lebensweg handelt. Vielmehr wird detailliert, spannend und nachvollziehbar die Evolution eines lebenslangen Erkenntnisprozesses vermittelt.
Die Stunden und Tage, welche wir mit Karam an der Vervollständigung dieser Schrift verbracht haben, waren lehrreich, spannend und ja, auch amüsant. Alle die Karam persönlich kennen, kennen auch seinen Humor, der jedoch niemals zynisch oder verletzend wirkt.
Unsere Befürchtung, daß wir der Aufgabe, die uns der Autor gestellt hat, nicht gewachsen sein könnten, ist – aus unserer Sicht – nicht eingetreten. Die endgültige Beurteilung liegt jedoch bei Dir, liebe Leserin, lieber Leser.
Wir sind keine professionellen Lektoren. Daher mag es sein, daß sich in diesem Werk trotz aller Sorgfalt und Mühe der eine oder andere Fehler eingeschlichen hat. Dafür entschuldigen wir uns.
Die Inhalte die vermittelt werden, sind ein wertvoller Wegweiser, nicht nur für akademisch arbeitende Menschen, sondern für alle, die einen emanzipatorischen, der herrschenden destruktiven Ideologie entgegengesetzten Erkenntnisweg anstreben.
Ebenso wie jedes seiner anderen Werke ist auch die Autobiographie Khellas für alle Menschen und für deren Praxis gedacht.
Dafür sprechen wir dem Autor unseren Dank aus und wir wünschen allen Leserinnen und Lesern ebenso viel Vergnügen bei der Lektüre dieses Werkes, wie wir bei dessen Erstellung hatten.

Eva und Markus Heizmann

1. Kindheit und Jugend in Asyut / Ägypten (1934-1952)

Wehen

1934
Meine erste Berührung mit dem weiblichen Geschlecht fand im Jahr 1934 statt. Anfang dieses Jahres ging meine Mutter Maria Dimian Bischara, die Ehefrau meines Vaters Nazir Khella, mit mir schwanger. Sie berichtete mir, daß es eine leichte Hausgeburt war, die unter gutem Zeichen stand. Sie fand in der Nacht vom 23. auf den 24. Oktober 1934 nach Mitternacht, also in den ersten Stunden des 24. Oktober, statt. Ich bin als sechstes Kind meiner Eltern zur Welt gekommen.

Sicher war es kein Zufall, wo und wann ich zur Welt kam. Überhaupt glaube ich nicht an Zufälle.
Kurz vor meiner Geburt waren meine Eltern von Achmim östlich des Nils in die etwas nördlich gelegene Großstadt Asyut westlich des Nils gezogen.

Die Wahlentscheidung für den Namen „Karam" hat meine Mutter getroffen. Für diesen Namen danke ich ihr. Es war auch sie, welche die Namen meiner Geschwister gewählt hat.
„Karam" bedeutet sprachlich „Edelmut", „Freizügigkeit", Großzügigkeit".
Nicht-Asyuter sagen den Asyutern nach, sie seien „geizig". Ich teile diese Einschätzung nicht. Dabei muß ich einräumen, daß mensch in Asyut sorgfältiger mit Ausgaben und Ausgeben umgeht.
Das Fremdbild von Asyut mag die Entscheidung für den Namen Karam motiviert haben. Meine Eltern wollten sich gegen den landläufigen Ruf gegen Asyut abgrenzen. Ich bin ihr erstes Kind in der Hauptstadt Oberägyptens.
Mutter erzählte mir, daß bei der Erstellung der Geburtsurkunde der Standesbeamte des zuständigen Amtes „Riʿayat at-Tifl (Amt für die Kinderfürsorge und -pflege)" das Datum falsch gelesen hat. Er schrieb 26. Oktober statt richtig „24. Oktober". Ein Schreibfehler in der handschriftlich ausgefüllten Urkunde kann nicht mehr geändert werden. Entsprechend ist mein amtliches Geburtsdatum so geblieben: „26. Oktober".

Ein Vorteil dieses Versehens ist, daß ich jährlich eine mehrtägige Geburtstagsfeier begehe. (Seit der Digitalisierung ist die Korrektur eines Tippfehlers, wenn er sofort erkannt wird, kein Problem mehr.)

Ich stehe etwa in der Mitte der Altersreihe meiner Geschwister. In späteren Jahren, seitdem die Kleinfamilie Norm geworden ist, erkannte ich die großen Vorteile einer kinderreichen Familie. Mensch ist von Geburt auf von Geschwistern umgeben. Er genießt die Unterstützung der älteren Geschwister. Seinerseits kümmert er sich um die Jüngeren. Kooperation, Zusammenhalt, ständige Auseinandersetzung und Liebe fördern die Persönlichkeitsentfaltung.
Wenn Jungs und Mädchen von Kindheit auf zusammen aufwachsen, entwickeln sie ein natürliches, ausgeglicheneres und harmonischeres Verhältnis zu dem jeweils anderen Geschlecht.

Meine Eltern hatten ein gutes Verhältnis zueinander und zu den Kindern. Das habe ich aber erst viel später zu schätzen gelernt, als ich im Erwachsenenalter gesehen habe, daß es nicht in jedem Haus so ist.

Das Verhältnis der Kinder zum Vater war respektvoll, das zur Mutter liebevoll. Meine Mutter war buchstäblich die Herrin im Hause. Mein Vater war für den Erwerb als Geschäftsmann zuständig. Unter anderem besaß er eine Getreidemühle mit relativ großer Belegschaft; es war eine Mehlfabrik. Er verdiente das Geld, das der Rest der Familie auszugeben hatte. Wir zählten zum gehobenen Mittelstand.

Taufe

1935
Ich wurde in der alten koptisch-orthodoxen Kirche von Asyut getauft. Während der Liturgie werden drei Sakramente hintereinander vollzogen. Der Ritus des Taufsakramentes sieht vor, daß der Täufling durch den Priester voll in das geweihte Taufwasser eingetaucht wird. Im Anschluß an die Taufe empfängt das Kind das zweite Sakrament „Myron", die Ölsalbung. Es folgt das dritte Sakrament, die Teilnahme an der Eucharistie am Schlußteil des Gottesdienstes.
Nach dem Kirchgang feiert die Familie zuhause. Der Tauftag zählt zu den großen Feiern, welche das Menschenleben begleiten.

1936
Meine Mutter pflegte mich zu kirchlichen Veranstaltungen mitzunehmen. Ich kann mich daran erinnern, daß ich bei der Abendpredigt auf der Bank eingeschlafen bin.

Kindheit in Asyut

1937
Als Kind bekam ich kein Spielzeug. Dafür konnte ich im Garten eigenständig die Freude am Spielen durch sinnvolle Arbeiten entwikkeln: Pflanzen, Bauen von Kanälen, Dämmen und Schadufs. Ein Schaduf ist ein Hebel mit einem Eimer und einem Gegengewicht aus Lehm, welches durch menschliche Arbeitskraft das Wasser vermittels eines Eimers aus der Tiefe schöpft und auf die Beete verteilt. Aus diesen und anderen praktischen Erfahrungen sammelte ich schon in früher Kindheit Erkenntnisse fürs Leben.

Spielzeuge zu verschenken war nicht üblich. Gebrauchswerte, z.B. Kleider und Schuhe, wurden zu den großen Feiertagen, in einer koptischen Familie zu den Festen der Geburt Christi (Weihnachten) und der Auferstehung (Ostern), verschenkt. Geburtstage wurden nicht gefeiert.
Im Herbst 1937 kam ich in die „Madrasat asch-Schamamisa“, eine koptische Vorschuleinrichtung.

Eugnostos

1938
Eugnostos ist ein Ausdruck der Gnosis. Er bezeichnet den Menschen, der die Vollkommenheit der Erkenntnis besitzt, diese anstrebt oder auf dieses Ziel vorbereitet wird. Eugnostos ist auch der Anwärter auf die Aufnahme in den Kirchenchor. Der Eugnostos darf auch Texte aus dem Lektionar verlesen und erklären. Das Lektionar enthält Texte aus der Heiligen Schrift, geordnet gemäß dem Kirchenkalender.

Meine Mutter setzte dieses Ziel in ihr Kind Karam. Im Alter von vier Jahren bekam ich eine entsprechende Schulung in der Einrichtung der Vorschulerziehung „Madrasat asch-Schamamisa“. Dort erhielt ich mit anderen Vorschulkindern eine Vorbereitung auf die Erlangung des Grades eines Eugnostos.
Erst viel später erkannte ich die hohe Bedeutung des Grades „Eugnostos“ oder „Träger der vollkommenen Erkenntnis“ und bemühte mich, ihm gerecht zu sein.
Das Zeremoniell wurde geführt vom Metropoliten des Landes („Eparchie“) Asyut, damals Abba Makarios. Später wurde er Papst Makarios III. von Alexandrien mit Hauptsitz in Kairo. Der koptische Papst leitet die Kirchen von Ägypten, Nubien, Sudan, Äthiopien, Eritrea, Nordafrika; so der offizielle Titel. Auch Kirchen in Afrika, Asien und anderswo in der Welt, die sich zu dem christlichen koptisch-orthodoxen Glauben bekennen, unterstehen dem apostolischen Stuhl von Alexandrien. Papst Makarios III. war ein hoher Würdenträger, der dem Amt des Kirchenoberhauptes in vollem Umfang gerecht war.
Ich kann mich an ihn sehr gut erinnern und halte ihn nach wie vor in bestem Gedenken. Ebenso kann ich mich an die Weihe sehr gut erinnern. Ich war etwa vier Jahre alt – keineswegs kindisch. Ich nahm die Welt bewußt wahr. Die Erlangung des Grades eines „Eugnostos“ findet als eine kirchliche Weihe im Rahmen eines feierlichen Sonntagszermoniells statt.

An diesem Beispiel sieht man, daß die Gnosis weiterlebt. Nach ihrem Verbot durch das Konzil von Nikaia (325) und Kaiser Konstantin ging die Gnosis in den Untergrund. Ihre zölibatären Mitglieder zogen als Mönche in die koptischen Klöster und wurden als Christen wahrgenommen und akzeptiert.

Bei der Weihe zum „Eugnostos“ war die ganze Familie präsent und feierte mit. Die Initiative zu meiner Ordination zum Eugnostos ging von meiner Mutter aus. Sie hat großen Wert darauf gelegt und mich zur Erlangung dieses Ranges angemeldet. Dabei versprach sie, mich im Sinne dieser Stufe zu erziehen. Das hat meine Mutter nach bestem Wissen und Gewissen geleistet. Ihr sei Ruhm, Ehre und Gnade in Ewigkeit.
Auch heute bin ich sehr stolz darauf, Eugnostos zu sein und als solcher zu wirken.

Primäre Sozialisation

Die Großfamilie ist wahrhaft ein Paradies. Umgeben von Eltern, Schwestern, Brüdern, Tanten, Onkeln, Nichten, Vettern, Omas und Opas zu sein – das wußte ich als Kind noch nicht zu schätzen. Die Großfamilie war gesellschaftlich eine Selbstverständlichkeit. Sie war Norm. Erst in späterem Alter, in Europa, als ich die Kleinfamilie kennenlernte, begann ich von meinem verlorenen Paradies zu träumen.
Das nachbarschaftliche Verhältnis war warm und intensiv. Die jeweils gleichaltrigen Menschen fühlten sich zusammengehörig. Hier, in Nordwest, kennt man vielleicht nicht einmal seinen Nachbarn, mit dem man Wand an Wand wohnt. Alleinstehende sterben in der eigenen Wohnung und werden erst viel später entdeckt.

In Ägypten hingegen bewege ich mich überall im vertrauten Kreis. Das ist wirklich schön. Der Großfamilie verdanke ich Vieles: Frühe Entfaltung des Ausdrucksvermögens, Zusammenhalt bei Härte und Not, zusammen feiern in Fröhlichkeit oder Trauer.

Im Lande am Nil werden Emotionen intensiv ausgelebt, sei es bei traurigen oder freudigen Ereignissen. Man lacht mit den Fröhlichen und weint mit den Traurigen.
Speisefeste sind offen. Alle werden herzlich eingeladen – Bekannte und Unbekannte. Man ist nie allein, es sei denn, man will es.

Die Primärsozialisation in der Großfamilie stärkt die Persönlichkeit, den Selbstrespekt, das Selbstwertgefühl, Kooperations- und Hilfsbereitschaft. Die Sozialisation in der Großfamilie fördert den Reifungsprozeß, die persönliche Stabilität und Sicherheit.
Man wächst mit Normen und Prinzipien auf. Diese sind selten verschriftet. Sitten werden geachtet, Traditionen sind heilig.

Abenteuer Schule

1939

Einschulung

Herbst 1939

Lebhaft erinnere ich mich an meine Einschulung. Es war im wahrsten Sinn des Wortes ein Abenteuer. Zum Beginn des Schuljahres bereitete mich meine Mutter auf den Schulbesuch vor. Morgens zuhause, am Tage des Schulbeginns, saßen wir in der Küche. Mama beriet sich mit meiner älteren Schwester über das Szenario, wie meine Einschulung ablaufen soll. Verstanden habe ich kaum etwas, da es sich um schulrechtliche Fragen und die Schulordnung handelte, die für jemanden, der noch nie an einer Schule war, nicht nachvollziehbar sind. Soviel habe ich jedoch mitbekommen, daß sie sich ein Ziel gesetzt haben, das mit dem Schulrecht nicht konform war. Mitreden konnte ich sowieso nicht, obwohl es um mich ging. Gleichwohl empfand ich es angenehm und bequem, daß ich keine Rolle in ihrem Szenario spielen mußte, außer dabei zu sein. Mir war klar, daß sie eben um meine Einschreibung und um ein Vorgehen sprachen, das nicht regulär war und der Norm nicht entsprach. Das Gespräch der Mutter mit der älteren Schwester über das Vorgehen zog sich hin, bis wir beide, Mama und ich, zur Schule aufbrechen mußten.

Ich war noch nicht ganz fünf Jahre alt. Den Inhalt dieser Besprechung im Familienkreis, die auf mich und meine Einschulung bezogen war, habe ich zwar nicht verstanden, machte mich jedoch neugierig. Es hat mich zusätzlich motiviert, daß ich zum Akteur eines Planes wurde, der gewisse Regeln der Einschulung umgeht. Schließlich nahm mich meine Mutter an der Hand zur Schule. Auf alle Fälle war ich über den Beginn einer neuen Lebensära mehr als glücklich. Daß Mama zum ersten Schultag mitkam, erfüllte mich mit spürbarem Sicherheitsgefühl; das, obwohl ich fest damit rechnen konnte, daß es nicht konfliktfrei sein würde.

Wir bestiegen unsere Kutsche und fuhren zur Schule. Hier empfing uns der Schulrektor persönlich und zuvorkommend. Er begrüßte meine Mutter respektvoll und versicherte ihr, daß Karam, also ich, in besten Händen sei und daß er, der Rektor, regelmäßig meine Eltern über meine Fortschritte informieren werde. Höflich bedeutete er, daß meine Mutter sorglos und beruhigt gehen könne.

Es geschah aber, daß meine Mutter sich von ihrem Stand nicht bewegte.
Mutter: Herr Rektor, in welche Klasse würden Sie Karam einschulen?
Rektor: Natürlich in die erste Klasse!
Mutter: Das kommt nicht in Frage. Meine Kinder fangen nicht in der ersten Klasse an.
Rektor: Wo sollen sie denn anfangen? Die Grundschule („rawḍa“) bildet die Kinder von der ersten Klasse an und nur bis zum dritten Schuljahr. Dann verlassen die Kinder uns und wechseln zum Primarbereich über. Wir haben überhaupt nur die ersten drei Schuljahre.
Mutter: Dann kommt Karam eben in das dritte Schuljahr.
Rektor: Das geht überhaupt nicht. Jedes Kind fängt mit der ersten Schulklasse an und bleibt bei uns ganze drei Jahre.
Mutter: Ja, aber nicht beim Haus Khella!.
Der Rektor versuchte mit pädagogischen und schulrechtlichen Argumenten meine Mutter zu überzeugen, daß ihr Wunsch illusorisch sei. Hartnäckig blieb meine Mutter bei ihrer Forderung. Der Rektor mußte schließlich nachgeben und bot einen Kompromiß des Inhaltes an: Karam komme in die zweite Klasse. Mutter erwies sich als kompromißunfähig und ließ sich auf keine Konzessionen ein.

Warum der Rektor sich überhaupt auf diese Diskussion eingelassen hat, ist mir bis heute nicht ganz klar. Er hätte durchaus sagen können: Es ginge nicht, keine Diskussion und Schluß.
Vermutlich waren es das Ansehen der Familie und das Prestige meines Vaters in der Stadt, Aspekte, derer ich mir damals nicht bewußt war.

Das Wortduell der beiden Erwachsenen wurde immer heftiger, dann aber trat plötzlich eine Wende ein. Dem Rektor fiel ein intelligenter Ausweg ein:
Rektor: Frau Khella! Ich laufe jetzt zur dritten Klasse und hole das Buch mit dem Thema, das heute dran ist. Wenn Karam es lesen kann, dann kommt er in die dritte Klasse. Dagegen konnte Mutter natürlich nichts einwenden. Prompt war der Rektor mit dem Lesebuch aus der dritten Klasse zurück. Es war schon aufgeschlagen auf der Seite der Lektion des Tages.
Der Rektor legte das aufgeschlagene Buch vor mir auf den Tisch.

Rektor: Lieber Karam! Versuche bitte in Ruhe zu lesen. Diese Leseübung ist heute dran. Worum handelt es sich dabei?

Selbstverständlich war ich nicht neutral. Ich war eindeutig Partei auf der Seite meiner Mutter. Bisher ging die Debatte an mir vorbei. Dabei fühlte ich mich wohl, zumal Mama die ganze Zeit in der Offensive war und das Gespräch anführte. Die jetzt vom Rektor herbeigeführte Wende hat mich nicht gerade erfreut. Plötzlich stand ich im Zugzwang. Der Ausgang des Manövers hing nun ausschließlich von mir ab. Meiner Mutter wollte ich allzugern jeden Gefallen tun. Ich blickte in das Buch.

Vor meinen Augen war die arabische Schrift zu sehen. An den Vortagen übte ich mit meinem Opa einzelne Buchstaben, die ganz groß neben einem sinnfälligen Bild standen. Was ich jetzt aber sah, waren verbundene Buchstaben. Auf einer Zeile standen lange Wörter, die nur durch wenige kleine Abstände getrennt waren. Es war eine Schrift mit Strichen und Zeichen oberhalb und unterhalb der Buchstaben. Die Zeilen glichen einer Schlangenlinie ohne Anfang und Ende.

Mir ging ein Schauer über den Rücken. Nicht der Mißerfolg, sondern die Tatsache, daß ich der geliebten Mama in den Rücken falle! Ich Verräter. Ich schwieg. Von mir aus wäre es völlig egal, in welche Klasse ich komme, aber nicht, daß ich die Mutter im Stich lasse. Der Rektor schien gesiegt zu haben.

Für ihn war es zwar ein intelligenter Ausweg, und doch war es ein logistischer Fehler, denn damit hatte er schon eingeräumt, daß es denkbar ist, daß ein Kind nicht notwendig mit der ersten Klasse beginnen muß.

Mama registrierte diesen taktischen Fehler und wurde noch entschlossener. Darum war mein Schweigen doch kein Kollateralschaden.

Meine Mutter ließ sich auf den (faulen) Trick des Schulrektors nicht ein.

Rektor: Sehen Sie Frau Khella!

Mutter: Herr Rektor! Das können Sie nicht verlangen. Es ist ja überhaupt erst der erste Schultag. Wir werden uns zuhause bemühen, daß Karam den Rückstand nachholt. Schließlich kapitulierte der Schulrektor. Er nahm mich zur dritten Klasse mit.

Meine Mutter wartete auf mich. Es hat nicht mehr lange gedauert bis der Unterricht zu Ende war. Mama mußte nicht lange warten. Sie nahm mich mit nach Hause. Dort warteten alle gespannt auf das Ergebnis: „Wie ist es ausgegangen?“ fragten sie besorgt. Mit unverkennbarer Siegesfreude antwortete die Mama: „Hundert Prozent!“.

Nach diesem ersten Schultag war ich entschlossen, den Wettlauf mit den fortgeschritteneren Mitschülern zu gewinnen. Zuhause haben sich alle bemüht, daß ich das Klassenniveau erreiche.
Das Experiment hat sich gelohnt. Es ist besser, Schüler zu überfordern als zu unterfordern. Am Ende des Schuljahres habe ich das Klassenziel erreicht und kam unmittelbar in den anschließenden Primarbereich.

Indes habe ich schon am ersten Schultag die wichtigste Lektion des Schuljahres gelernt: Eine Auseinandersetzung auszutragen, konfliktbereit zu sein und souverän zu bleiben.

Sekundäre Sozialisation

1940 Übergang zum Primarbereich
1941,
1942,
1943,
1944,
1945 Absolvierung der Primarschule in Madrasat al-Qibt al-Ibtida'iyya, Asyut.

1946,
1947,
1948 Absolvierung der Sekundarstufe erster Phase in: Madrasat Asyut al-Ibtida'iyya al-Amiriyya. Anschließend Übergang zu: Madrasat Asyut aṯ-Ṯanawiyya al-Amiriyya.

Eine literarische Sozialisation

Sehr früh – etwa im neunten Lebensjahr – habe ich damit begonnen, literarische Texte aufzusetzen. Zunächst waren es Gruß- und Glückwünsche, die ich meinem Vater zu den großen Festen der Geburt Christi (Weihnachten) und der Auferstehung (Ostern) als Gratulation vorgetragen habe. Ich organisierte meine jüngeren Geschwister zu einem Zug. Wir marschierten in einer Reihe zu dem Bett, in dem der Papa noch gelegen hat. An den Feiertagen erlaubte er sich einen längeren Schlaf. In der Nacht zu dem Feiertag findet der Festgottesdienst statt. Er dauert bis etwa Mitternacht an.
Wir Kinder stellten uns in einer Reihe vor dem väterlichen Bett auf. Ich trug die Festansprache in Prosa oder Gedichtform vor nach schriftlicher Vorlage, später ohne Papier. Im Anschluß daran verteilte Vater das Festgeld auf uns Kinder. An den Feiertagen war die ganze Familie überaus glücklich, da es sonst selten vorkam, daß wir alle gleichzeitig zuhause waren.

Bewegt durch meine literarische und rhetorische Begabung, aber auch in dem Wunsch, daß ich schon in der Primarschule bessere Leistungen aufbringe, bestellte der Vater für mich einen Privatlehrer, der zu uns nach Hause kam und mir Sprachunterricht (Arabisch) gab. Er war Schaich und hatte schon einen Gedichtband veröffentlicht. Überhaupt ein Buch zu publizieren zählt in der Gesellschaft als eine große Leistung. Das Buch und sein Autor werden hochgeschätzt. Das galt natürlich auch für meinen Privatlehrer. Ihm verdanke ich viel. Sehr früh, ab dem Alter von acht oder neun Jahren, spürte ich den literarischen Fortschritt. Wenn ich in der Klasse saß und mit dem Lehrer diskutierte, merkte ich die Achtung vor mir. Zum Teil befürchtete der Lehrer kritische Bemerkungen von mir, vielleicht empfand er in mir eine Art Konkurrenz.

Als mein erstes Buch „al-Hadi“ erschien (1948) war ich vierzehn Jahre jung. Es war ein Jugendbuch, das die Probleme der Pubertät behandelt und mit konstruktiven Ratschlägen hilft. Bei diesem Buch wirkte ich als Herausgeber. Wir waren ein Team von drei Jungs, die miteinander kontinuierlich im Gespräch waren. Der ältere von uns, Murad Siddiq, studierte mit Hinblick auf das Lehramt. Er war unser Anleiter. Wir, die beiden übrigen, haben ihn akzeptiert und geachtet. Der zweite im Team, Fikry Sadiq Misiha, war gleichaltrig wie ich. Murad und Fikry erstellten das Manuskript. Ich war der Herausgeber des Buches. Es finanzierte sich selbst. Wir schrieben eine Subskription aus und verkauften Coupons. Das ging leicht. Die Käufer waren überwiegend ältere Personen, die wir kannten. Gerne unterstützten sie unser Projekt. Sie waren bereit, „Fische im Wasser“, noch bevor sie geangelt und beurteilt werden konnten, zu kaufen. Die potentielle Leserschaft hatte keine Möglichkeit, die Qualität des Buches zu beurteilen. Trotzdem konnten die Subskriptionscoupons leicht und rasch verkauft werden. Mit dem Geld finanzierte ich den Druck. Die Restexemplare, die nicht durch Subskription verbreitet wurden, wurden rasch bis auf das letzte Exemplar verkauft. „al-Hadi“ („Der Wegweiser“) war ein großer Erfolg. Er verstärkte in mir die Motivation zu schreiben und zu veröffentlichen.

Die nächsten Projekte – im Alter ab dem vierzehnten Lebensjahr – waren Bühnenstücke. Diese habe ich allein geschrieben: Idee, Szenario und Drehbuch mit Regieanweisungen. Die Stücke wurden aufgeführt und erwiesen sich meist als große Erfolge. Sie wurden gespielt von uns als Schülern zusammen mit anderen Jugendlichen, die sich uns angeschlossen haben. Aufgeführt wurden sie in verfügbaren Höfen, Jugend- und Familien-Clubs und anderswo. Leider wurden diese Bühnenstücke nicht gedruckt.
Dafür erwarb ich – durch Erfahrung – Theaterkompetenz. Nicht selten war ich in Personalunion Autor, Regisseur, Bühnenbauer, Darsteller und Intendant des gesamten Projekts. Die Probezeiten dauerten Wochen bis Monate. Schließlich konnte eine publikumsfähige Aufführung präsentiert werden. Die Theaterabende waren stark besucht. Ich eröffnete den Abend mit einer Begrüßung und Einführung in das Stück. Der Applaus war stets deutlich bejahend und intensiv.

Das waren wertvolle Erfahrungen. Die gute Qualität wurde von den Besuchern der Aufführung ideell belohnt. Insgesamt waren es sehr lehrreiche und motivierende Experimente. Nach jeder Aufführung blickte man schon auf die nächste und wollte immer besser und wirkungsvoller sein. Schauplatz dieser darstellenden Künste war Asyut.

Publikation 1948

Karam Khella (Hg.), al-Hadi (Jugendbuch „Der Wegweiser“, arab.), Asyut 1948.

Nichtpublizierte Arbeiten
Aufführungen bis 1952:
Bühnenstücke und Drehbücher (ungedruckt)
Amīr al-Wafā᾿.
As-Sakrān Pascha Tīna.
ʿAdrā᾿ an-Nāsira
u.a.

Tabellarisch

1949 – Fortsetzung des Sekundarbereichs in der Wirtschaftsoberschule, zweite Phase in: Madrasat Asyut aṭ-Ṯanawiyya at-Tigariyya.
1950,
1951,
1952 Absolvierung der Sekundarstufe zweiter Phase in: Madrasat Asyut aṭ-Ṯanawiyya at-Tigariyya.

Geburtstag im Stadtpark
Die Sitte, den Geburtstag groß zu feiern, war im Ägypten meiner Zeit keine ausgeprägte Tradition. Vielmehr konnte man ihn als Anlaß zur Geselligkeit mit Freunden und Bekannten nutzen. Auch ich pflegte lange Zeit keine eigenen Geburtstage zu feiern. Erst während der Oberschule lud ich in Eigeninitiative die Mitschüler zu meinem Geburtstag ein. Mit 16 Jahren erlaubte ich mir den Streich, die ganze Schulklasse zur Geburtstagsparty im Stadtpark, außerhalb der Schule, einzuladen. Damit fiel der Unterricht aus. Eine Erlaubnis der Schulleitung habe ich nicht eingeholt. Als wir am nächsten Tag regulär zum Unterricht erschienen sind, wollte die Leitung keine Konsequenzen ziehen. Sie zog es vor, auf den Vorgang am Vortage überhaupt nicht einzugehen.

Asyut-Ära
1934-1952
Die Hauptstadt Oberägyptens, Asyut, bildet das erste und ein entscheidendes Stadium meines Lebens. Hier hat mein Leben seinen guten Anfang genommen. Daran erinnere ich mich gern.
So hat es begonnen: In der Nacht zum 24. Oktober 1934 war ich, Karam Khella, in Asyut, Ägypten, in eine mittelständische Familie als Sohn von Nazir Khella und seiner Frau Maria (mit den Varian-

ten: Mariam, Ruma) zur Welt gekommen. Beide Eltern waren koptisch-orthodox und fromm. In Asyut besuchte ich die Schulen des Primar- und Sekundarbereichs bis zur Erlangung der Hochschulreife im Juni 1952. Zum Studium habe ich Asyut verlassen. Ohne es zu wissen oder zu wollen war es ein Abschied für immer. Seitdem bin ich nur noch besuchsweise in meine geliebte Heimatstadt gekommen. 1952 zog ich von Oberägypten zunächst nach Unterägypten um.

2. Studium in Ṭanṭā und Kairo (1952-57)

Durst nach Wissen
Von der Provinz in die Hauptstadt

Studium
1952-58
Es folgt die Studienzeit. Während des Studiums – ab Herbst 1952 – wurde ich oft als Redner und Referent ernannt.

1952-53: Studium der Wirtschaftswissenschaften in Ṭanṭā.
Während des Jahres 1952-53 reiften in mir die Vorstellungen über meine Erkenntnisinteressen – unabhängig ihrer möglichen beruflichen Verwendung.
Mit unzweideutiger Entschlossenheit nahm ich mir vor, Theologie zu studieren. Als mich die Nachricht erreichte, daß ich an der Theologischen Fakultät Kairo einen Studienplatz bekommen hatte, empfand ich mich als den glücklichsten Menschen überhaupt. Ein wichtiger Motivationsfaktor bei meiner Studienwahl war der Wunsch, mich systematisch mit weltanschaulichen Fragen und geistigen Richtungen zu befassen. Das Studium der Theologie bot diese Möglichkeit viel eher als jeder andere Studiengang.
Ich wußte, daß Theologie mein nächstes, aber nicht letztes Studium sein werde. Ich hatte weitergehende Lerninteressen, über die ich aber nicht weiter reden wollte, da ich befürchtete, daß sie nicht ernst genommen werden könnten.

1953 Wechsel von Ṭanṭā nach Kairo. Aufnahme des Theologiestudiums.
Schon immer standen die Epistemologie, Wissenschaftstheorie und Wissenschaftskritik im Mittelpunkt meines Erkenntnisinteresses. Dazu ist eine multidisziplinäre Ausbildung, die sowohl Gesellschafts- als auch Naturwissenschaften umfaßt, notwendig.

Der Traum des Erwerbs von universellem Wissen begleitet mich seit der frühen Schulzeit bis heute. Schule und Studium bildeten die Basis dieses langen Erkenntnisweges.

Soweit ich Zeit zum Schreiben hatte, publizierte ich in Zeitschriften. Es gab keine Probleme zu veröffentlichen, wohl aber fehlte die Zeit, die Artikel zu schreiben. Das Studium beanspruchte den größten Teil während der Woche. Die Nach- und Vorbereitung des Lernstoffes konnten gerade eben bewältigt werden. Die Wahrnehmung von Aufgaben der Praxis-Vorträge bei Veranstaltungen in der Hauptstadt, Reisen zur Organisierung von Lernprogrammen und Unterricht auf dem Land – füllte die restliche Zeit aus. Für Freizeit gab es kaum Zeit, aber die Pflege von sozialen Kontakten sollte aus meinem Wochenprogramm nicht gestrichen werden.

Studium
1953 – Aufnahme des Theologiestudiums
1954,
1955,
1956,
1957 – erfolgreicher Abschluß des Theologiestudiums
(1953-57): Studium an der *„Koptisch-Orthodoxen Theologischen Fakultät Kairo"* mit dem Abschluß eines Bakkalaureus (Bachelor) der Theologie (B.D.).

Nach intensivem, erfolgreichem Grundstudium – Propädeutikum, alte Sprachen u.a. – fühlte ich mich in der Lage, mir parallel dazu ein Zweitstudium zu leisten. Der nächste Schritt in meinem Plan war das Sprachstudium. Darin sah ich das Mittel zum Zweck, mir die fremdsprachige wissenschaftliche Literatur zu erschließen.

1954-1958: Studium – ebenfalls in Kairo – am „Höheren Institut für neuere Sprachen" („Maʿhad al-Alsun"), dessen Rektor Prof. Dr. Murad Kamil war, Schwerpunkt: englische Sprache und Literatur.
Der Lehrkörper sowohl der Theologischen Fakultät als auch des Sprachinstituts war von hoher Qualifikation. Die hier erworbene Doppel-Kompetenz ist unbeschreiblich kostbar.

Das Sozialbüro

1956
Während meines Studiums an der Theologischen Fakultät stellte mir mein Vater eine ziemlich hohe Geldsumme zur Verfügung, um eine Europa-Reise zu unternehmen, was der Traum vieler junger Menschen war. Ich nahm die Schenkung an, verzichtete aber, und zwar gerne, auf die Europareise. Das Geld investierte ich für den Zweck, ein „Büro für soziale Dienste“ zu gründen. Der Gedanke schwebte mir vor seit 1954 – nachdem wir im Rahmen der theologischen Ausbildung das Stoffgebiet Sozialarbeit abgehandelt hatten. Vorarbeiten dazu haben schon 1955 begonnen.
Der Plan wurde realisiert. Das „Büro für Soziale Dienste“ wurde gegründet mit Sitz in Kairo-Nord. Es war das erste seiner Art in Ägypten, wenn man von der Arbeit des Sozialministeriums absieht, das andere Aufgabenbereiche gemäß dem Sozialrecht wahrnimmt. Die Theologische Fakultät stellte mir im eigenen Gebäude einen geeigneten Raum zur Verfügung, wo das Sozialbüro seine Arbeit und Gespräche optimal durchführen konnte.

Zielgruppen waren alle, die in irgendeiner Weise Rat suchten oder Hilfe brauchten. Adressaten waren u.a. Studierende aus ländlichen Gebieten, die sich für Ausbildungszwecke in der Hauptstadt aufhielten, Menschen aus der Provinz, welche auf der Suche nach Arbeit zeitweilig oder auf Dauer nach Kairo umsiedelten sowie andere Hilfesuchende.
Das Projekt hat sich sehr bewährt, wurde immer weiter ausgebaut und fortgeführt, auch nachdem ich selber es nicht mehr leiten konnte. Es besteht heute noch.

Enthusiasmus für die berufliche Praxis

1957-58
Mit der Erlangung des B.D. (Bakkalaureus der Theologie) im Juni 1957 wurde ich sofort als Studienleiter eingestellt. Meine Aufgabe war die Aufstellung von Programmen und Lernangeboten, die in den amtlichen Lehrplänen nicht vorgesehen sind. Zielgruppen waren Studierende aller Fachbereiche, aber auch Nicht-Studenten. Träger dieser Aktivitäten, Lehr- und Lernveranstaltungen war die

Kirchengemeinde al-Butrussiya, das örtliche Zentrum der Koptischen Kirche in Kairo-Nord, wo die ʿAin Schams Universität und andere Hochschulen lokalisiert sind.
Zu diesem Zeitpunkt gab es in Ägypten viel weniger Universitäten als heute. Eine große Zahl junger Menschen strömte aus allen Teilen des Landes in die Hauptstadt für Studienzwecke, und mußte sich hier für mehrere Jahre aufhalten. Spezifische Dienste waren notwendig. Ihre Betreuung gehörte zu meinen Aufgaben.
In dieser Arbeit konnte ich mein theologisches Fachwissen voll nutzen. Zu meinen Aufgaben gehörte auch das Predigen. Ansonsten bot ich gesellschafts- und praxisbezogene Veranstaltungen an. Sie dienten der Orientierung im Leben und Beruf ganz allgemein. Zu meinem beruflichen Auftrag zählten ferner die Gruppen- und Einzelberatung, Bildung und Anleitung von Arbeitsgemeinschaften, Aus- und Fortbildung von Teamleitern und Multiplikatoren. Während dieser Zeit leitete ich ein Studentenwohnheim in Kairo-Nord (8, Schāriʿ al-mustaschfa al-Itali, Al-ʿAbbassiyya).
Seit der Beendigung meines Studiums und dem Eintritt in das Berufsleben war ich hauptsächlich als Ausbilder tätig. Dabei war mir klar, daß ich nicht damit aufhören werde, mich selbst weiter zu qualifizieren. Lehren ist Lernen, wobei Lernen ein lebenslanger Prozeß ist. „Lebenslanges Lernen“ ist notwendiger Begleiter des Menschen und seiner Entwicklung. Das empfand ich ebenso wie das Lehren als einen unübertroffenen Genuß. Mit großer Freude blicke ich auf Lern- und Lehrerfahrungen zurück und fühle mich wohl, wenn ich erfahre, wie sehr ich davon profitiere, die erworbenen Erkenntnisse zu verwerten und weiter zu vermitteln.
Von besonderer Stärkung des eigenen Selbstwertgefühls ist der eigenständige Gehaltsempfang und damit die Unabhängigkeit vom väterlichen Unterhalt. Dabei erwähne ich in Dankbarkeit, daß mein Vater gern die Studien seiner Kinder gefördert und finanziert hat. All seine Kinder erhielten mehr Ausbildung, als er selber hatte.

Publikation 1958

Karam Khella, al-Aḥwāl aš-šaḫṣiyya (konfessionsgebundenes Familienrecht).
Dieses Buch lag gedruckt, aber noch nicht gebunden, in der Drukkerei „Wahba“ in Asyut, als ich es zum letzten Mal gesehen habe. Durch meine Europareise brach der Kontakt zur Druckerei ab und ich habe das Werk nie mehr gesehen.

4. Wissenschaft und Praxis, Politisierung und Verfolgung in Stuttgart, Genf und Hamburg (1966-71)

Praxis als Studentenpfarrer

1966
Berufung nach Stuttgart als Studentenpfarrer für Studierende der Technischen Universität Stuttgart.

1966-69
1. Oktober 1966-31. März 1969: Studentenpfarrer an der Universität Stuttgart.
Für diese Zeit wurde ich auch zum Co-Präsidenten der Studentenpfarrerkonferenz in Deutschland (SPK) gewählt. Während dieser an Universitäten und im Hochschulbereich bekanntlich sehr bewegten Zeit wurde ich in verschiedene Ausschüsse gewählt.
Interessant und wichtig war u.a. der „Ausschuß für die Studienreform". Bei Roundtable-Gesprächen mit Lehrenden konnten didaktische Methoden diskutiert und neue entwickelt werden. Die hier entwickelten Ansätze erwiesen sich als sehr nützlich für die Innovation der akademischen Lehre, Forschung und Bildung. Vorschläge haben sich zumindest teilweise durchgesetzt. Empfehlungen wurden ausgearbeitet. Ihre Auswirkungen sind auch gegenwärtig erkennbar.

Im Fachbereich Studium generale hielt ich Vorlesungen und Seminare zur „Religionsphilosophie".

Politisierung

1967
1965-67
Mehr oder weniger allgemein politisch interessiert war ich schon immer.
Meine eigentliche Politisierung ist die Folge zweier Ereignisse der 1960er Jahre:

Die steigende Aggressivität der USA gegen Vietnam, besonders seit 1965, und die israelische Aggression gegen die arabischen Staaten im Juni 1967. Mitten in der Friedenszeit führte Israel den dritten israelischen Krieg gegen die arabischen Völker und zerstörte damit alle Hoffnungen auf eine politische Regelung.

Diese beiden militärischen Ereignisse sorgten dafür, daß ich die Politisierung nicht nur als einen kognitiven Prozeß begriff, sondern auch als aktive Anteilnahme in dem Rahmen, den mein Spielraum erlaubte.

In beiden Fällen lebte ich fernab von den Kriegsschauplätzen und war nicht unmittelbar betroffen. Schockiert wurde ich nicht allein durch das Massenverbrechen des US-Imperialismus bzw. des Zionismus, sondern auch durch die Aufbereitung von Aggression und Invasion in den bürgerlichen Medien. Angriffskriege werden gerechtfertigt. Nachrichten und Berichterstattung manipulieren die öffentliche Meinung und bewirken Akzeptanz für die Aggressionen. Kriegsverbrechen werden medial verschleiert oder verharmlost. Durch gezielte Informationspolitik wird die hiesige, das heißt die europäische Bevölkerung in bezug auf die Ursachen und Folgen der imperialistischen Strategien desensibilisiert. Die Entsolidarisierung mit den Opfern wird erzeugt.

Die Lügen in den Medien und die Haltung der westlichen Politiker waren für mich die unmittelbare Provokation. Ich war tief erschüttert. Enttäuscht war ich über den Verlust des Wahrheitsempfindens der Meinungsmacher. Diese unmittelbaren Erlebnisse haben mich bewegt. Ich erkannte meine Verpflichtung, die Wahrheit zu suchen, die Wahrheit zu sagen, Lügen zu entlarven und zur Solidarität mit den Opfern aufzurufen. Ich wurde politisch!

Ich erkannte: Die Welt kann nicht theologisch oder ästhetisch begriffen und kann auch nicht mit rein pädagogischen Mitteln verändert werden.
Die Welt ist nicht anders zu verstehen und zu verändern als politisch. Sie zu erneuern geschieht primär durch die politische Praxis.
In allem die Wahrheit zu finden, sie laut zu sagen und zu verbreiten, empfand ich von da an als meinen Lebensauftrag.

Ich stellte mir die Frage, warum es so schwierig geworden ist, die Wahrheit zu erkennen und zu vertreten. Medien und Politiker lügen, ohne dabei zu zittern oder rot im Gesicht zu werden und wenn sie auf den Lügendetektor gesetzt werden, ist kein Zeigerausschlag zu sehen.
Die Übermacht der Medien und die semantische Gewalt wurden mir ein Horror.
Über diese schrecklichen Entwicklungen zu schweigen wäre ein Verrat. Ich lernte, deutlicher zu kontern und meinen Diskurs zu verschärfen. Auch die Predigt mußte ich politisieren.

Publikationen 1967
Karam Khella, Naissance et développement de l`Église Copte, Paris 1967.
Karam Khella (Editor), Study Texts on Questions of Society and Progress, Stuttgart and Hamburg 1967 ff.
Karam Khella, Aufsätze über den Nahostkonflikt; diese wurden von den deutschsprachigen Medien nicht abgedruckt.

Die materialistische Wende

1968
1967 stand ich noch auf dem Boden der bürgerlichen Wissenschaft, aber nicht ohne Vorbehalte. Indes erfüllte meine Lehrtätigkeit alle Merkmale der positivistischen Erkenntnisphilosophie. Eine überlegenere Alternative zur bürgerlichen Wissenschaft war im Bildungsangebot nicht enthalten. Ich habe die bürgerliche Wissenschaft zwar rezipiert, aber mich nicht voll mit ihr identifiziert. Vertreten und gelehrt habe ich meine eigene Sichtweise. Ich war bestrebt, das eigene Urteilsvermögen sowohl bei mir als auch bei den Studierenden zu fördern. Andere Lehrauffassungen präsentierte ich in Verbindung mit kritischer Reflexion. Im Rahmen meiner Fachgebiete habe ich selbstverständlich zur Weiterentwicklung der Wissenschaft beigetragen. Diese Fortschritte bewegten sich hautsächlich auf historischem, linguistischem und theologischem Gebiet. Meine Kritik am verfügbaren Forschungsstand werte ich aus meiner heutigen Sicht als immanent. Ich habe die bürgerliche Wissenschaft nicht grundlegend in Frage gestellt, da ich noch keine Alternative dazu hatte. Meine damalige Lehre darf also nicht als „bürgerlich“ aufgefaßt

werden, da sie in theoretischer Hinsicht dort nicht unterzuordnen ist.
Den Ausdruck „bürgerlich“ habe ich selber nicht erfunden, verwende ihn aber in einer spezifischen Begriffsprägung als eine Bezeichnung für die systemerhaltende, staatstragende und herrschaftssichernde Wissenschaft. Mein Beitrag zum Erkenntnisfortschritt aus jener Zeit läßt sich unter keiner der etablierten Theorien subsumieren.
Meine Einstellung zur bürgerlichen Wissenschaft änderte sich langsam. Allmählich entwickelte sich bei mir ein Stadium des Übergangs zu einer alternativen Wissenschaftstheorie. Dieses Stadium ist gekennzeichnet durch zunehmende, grundsätzlichere Kritik an der etablierten Lehre, wobei ich mich deutlich gegen die bürgerliche Wissenschaft abgrenze. Meine Lehre in dieser Phase läßt sich als „kritische Wissenschaft“ umschreiben.
Meine erkenntnistheoretische Grundhaltung änderte sich qualitativ nach meiner ersten Begegnung mit dem historischen Materialismus. Nicht ohne Bedeutung war der Besuch zweier Fachkongresse in Halle, DDR, in den Jahren 1966 und 1968, wo ich selber mit wissenschaftlichen Beiträgen vertreten war. Bei diesen Treffen haben osteuropäische Historiker mir vertraute Geschichtsthemen aus materialistischer Sicht aufgearbeitet. Ihre Ergebnisse beeindruckten mich und erlangten meine Aufmerksamkeit. Dabei war mir die Bedeutung des historischen Materialismus nicht vollumfänglich klar. Ich habe mich entschieden, mich mit ihm genauer zu befassen.

Publikationen 1968

Karam Khella, Dioskoros I. von Alexandrien (444-454) – Theologie und Kirchenpolitik, zusammen mit Quellenteil, Hamburg 1968. ISBN 3-921866-09-X
Karam Khella, Ein Dioskoroszitat beim Patriarchen Benjamin, in: Probleme der koptischen Literatur, Halle 1968, 10 Seiten
Karam Khella, Kirche und Staat, Stuttgart 1968, 16 Seiten

1968/69

1. Oktober 1968-31. März 1969: Lehrtätigkeit an der Universität Stuttgart für Religionsphilosophie.

Abschied von Stuttgart

1969
Mein Stuttgarter Aufenthalt und meine Tätigkeit als landeskirchlicher Pfarrer waren in vielfacher Hinsicht erfahrungs- und erkenntnisreich.
Ein besonderer Gewinn meines Aufenthaltes in Stuttgart war die unmittelbare Begegnung mit der Industriewelt, den Industriearbeitern und Arbeiterfamilien. Nordbaden und Nordwürttemberg sind eines der wichtigsten Industriezentren Deutschlands. Es sind dies Metallindustrie, Fahrzeugbau, landwirtschaftliche Maschinen, elektrische, elektronische, digitale Techniken und anderes. Stuttgart verfügt über eine große technische Universität sowie über eine mit landwirtschaftlichem Schwerpunkt in Hohenheim. An anderen Orten Baden-Württembergs bestehen weitere wichtige Universitäten und Hochschulen mit ihren jeweiligen Spezialgebieten. Nahezu an allen Hochschulen Süddeutschlands war ich zur Durchführung von Gastvorlesungen und öffentlichen Veranstaltungen eingeladen.
Mein Leben bewegte sich bisher überwiegend im akademischen Rahmen. Mein Aufenthalt in Stuttgart brachte mich in intensiven Kontakt mit der Arbeitswelt. Zunächst waren es seelsorgerische Fragen, die arbeitende Menschen und ihre Familien veranlasst haben, mich aufzusuchen. Diese persönlichen Kontakte weckten mein Interesse für die Industriewelt. Zunehmend wurde ich sensibler für die Probleme und die Folgen der Arbeit in der Industrie.
Diese Erfahrungen und Erkenntnisse bilden den Hintergrund und die gedankliche Infrastruktur für das Projekt „Situation der Industriearbeiterinnen und Arbeiter". Sehr bald wurde das Projekt formalisiert und konnte im akademischen Rahmen verankert werden, aber erst, nachdem ich von Stuttgart über Genf nach Hamburg umgezogen bin.

Am 31. März 1969 endet meine berufliche Tätigkeit in Stuttgart. Meine Folgetätigkeit wird in Genf sein. Die Jahre in Süddeutschland habe ich in guter Erinnerung. Rasch konnte ich Schwäbisch. Bei der Unterhaltung gab es kaum Probleme. Beim schwäbeln ist die Atmosphäre natürlicher und herzlicher. Auch heute noch vermisse ich den Schwarzwald.

Publikationen 1969
Khella, K. (Editor), Texts on Problems of Development and Progress in the Middle East, 1969 ff.

Wissenschaft und Praxis
Die mobile Universität

Genf
1969-70
Von 1. April 1969 bis 30. September 1970 war ich Direktor der Institution *„Middle Eastern Students in Europe“*. Es handelte sich um ein Projekt, das von mehreren Trägern gesponsert wurde, insbesondere von *„World Student Christian Federation“* (Sitz Genf, Schweiz). Adressaten und Zielgruppen des Projekts waren Studierende aus dem Nahen und Mittleren Osten, die in Europa eine Ausbildung absolvieren oder eine Forschungsarbeit durchführen. Für die Kommilitoninnen und Kommilitonen habe ich Bildungsprogramme entwickelt und selbst Lehre angeboten, welche den Sinn hatten, die Kluft zwischen der europäischen Ausbildung auf der einen und den Bedürfnissen der Heimatländer auf der anderen Seite zu überbrücken. Das Büro dieses besonderen Lehr-, Kontakt- und Aufbauinstituts war in Genf lokalisiert: „Séminaire d'étudiants du Moyen Orient“. Ich reiste zu vielen Universitätsstädten, sprach mit Studierenden und ihren Professoren. Dazu entwarf ich Vorschläge zur Lösung von örtlichen und allgemeinen Problemen der Ausbildung und insbesondere des Auslandsstudiums. Ein breites Kommunikationsnetz wurde aufgebaut. Im Rahmen dieses Projekts bot ich Lehrveranstaltungen in Muttersprachen von Teilnehmerinnen und Teilnehmern als auch in europäischen Sprachen an. Schwerpunkte meines Lehrangebots waren Inhalte und Themen, welche im etablierten Bildungssystem in Europa fehlen. Ein Schwerpunkt behandelte den Themenkreis „Fragen der Entwicklung und des Fortschritts im Nahen und Mittleren Osten.“
Es entstand eine *„mobile Universität“*. In diesem Zusammenhang bildete ich Multiplikatoren, örtliche Anleiter und Teamworker aus. Regionale Teams wurden aufgebaut. Den Multiplikatoren wurde eigens ein Förderprogramm entworfen, das sie für ihre Aufgaben und die Leitung von Tutorien befähigt. Das Interesse, Engagement und die Anzahl der Teilnehmerinnen und Teilnehmer waren groß. Präsenzlehrgänge wuchsen stetig.
Gleichzeitig gab ich die Schriftenreihe: „Study Texts on Problems of Development and Progress in the Middle East“ heraus.

Für das Projekt „Mobile Universität“ habe ich drei Semester vorgesehen. Im Anschluß daran bat ich um Entlastung und die Beendigung meiner hauptamtlichen Arbeit in diesem Rahmen, da ich andere Pläne verfolgen wollte. Es tat mir außerordentlich leid, daß mit der Beendigung meiner Tätigkeit in diesem Bereich das Projekt insgesamt eingestellt und nicht weiter geführt wurde, da eine kompetente Nachfolge nicht gefunden werden konnte.

Was mich anbetrifft, war ich entschlossen, meine akademische Lehrtätigkeit und Forschungsarbeiten im Rahmen einer stehenden Universität wiederaufzunehmen und fortzusetzen.

Publikation 1970
Khella, K. (Editor): Study Texts on Problems of Development and Progress in the Middle East, seit 1969.

Wieder an Alster und Elbe

1970
Rückkehr nach Hamburg
1. Oktober 1970-31. März 1971: Leiter des Wissenschaftsreferats des Europakollegs, Hamburg.

Hier führte ich zum einen selbst Seminare durch u.a. zu wirtschaftlichen, gesellschaftlichen und politischen Fragen, z.B. zur europäischen Integration, zum anderen beauftragte ich auswärtige Dozenten mit der Wahrnehmung von Seminaren und Vortragsveranstaltungen.
Die zuletzt genannten fünf Jahre standen im Zeichen der Leitlinie „Wissenschaft und Praxis“. Ihre Bedeutung lag u.a. darin, praktische Probleme der Anwendung von Wissenschaft in der Lebensrealität zu bewältigen.
Diese Leitlinie bleibt nach wie vor wirksam. Sie wird weiterhin meine Person und wissenschaftliche Praxis bestimmen. Es verschieben sich lediglich Wirkungsbereiche und institutionelle Rahmenbedingungen.

Ich erkenne, daß meine Adressaten primär die Multiplikatoren sein sollen: Lehramtskandidaten, Pädagogen, Sozialarbeiter und andere.

Gesellschaftlich und weltpolitisch besteht eine tiefe Krise, die nicht vollumfänglich wahrgenommen wird. Die Krise besteht nach wie vor, auch wenn die große Mehrheit sie nicht wahrnimmt oder ignoriert.
Ich habe mich bemüht, die Krise zu thematisieren und unter dem Aspekt der Praxisorientierung anzugehen:

a) Welche Analysen und Informationsarbeit kann ich leisten und anbieten?
b) Welche Lösungen sind notwendig und möglich?
c) Was kann ich tun?
d) In welchem institutionellen Rahmen und wie kann ich zur Lösung der Krise in Gesellschaft und Wissenschaft effektiv und konstruktiv beitragen?
e) Wie kann das Auseinanderklaffen von Ausbildung und Praxis überwunden werden?

Konkretion
Folgende Probleme verlangen nach programmatischen und realisierbaren Lösungen:

a) Das Verhältnis von Ausbildung und Beruf,
b) Die Entfremdung der Bildungselite gegenüber den Zielgruppen,
c) Ideen und Ideale der Kader auf der einen Seite und Forderungen der Anstellungsträger auf der anderen,
d) Prophylaxe in bezug auf den „Praxisschock“ bei Absolventen,
e) Die Übertragung der Ausbildungs- und Praxisziele in die breiten Bevölkerungsschichten.

Es ist notwendig, das Studium der künftigen Kader so zu gestalten, daß die oben genannten Ausbildungsziele realisierbar gemacht werden können.

In der Konsequenz muß ich feststellen, daß meine Berufung in den Lehrbetrieb und die wissenschaftlichen Institutionen optimal zur Realisierung dieser Ziele beiträgt. Unter klarem Vorzeichen hat meine akademische Lehrtätigkeit stattzufinden. Ich habe die Absicht, meine bevorstehende Lehrtätigkeit weiterhin so zu wählen und zu gestalten, daß ich die begonnenen Bemühungen, Arbeiten und Projekte fortsetze.

Die Lernprozesse und Methoden sollen die künftigen Berufsträger mit Hinblick auf die praktische Umsetzung der Theorie-Praxis Ausbildung trainieren. Den Ausbildern, also auch mir, stellt sich die

Frage nach der Beziehung von Wissenschaft zur Gesellschaft als Ausbildungsauftrag. Theorie und Praxis sollen dazu sensibilisieren und vorbereitend wirken. Die unter diesen Leitlinien gewonnenen und vermittelten Erfahrungen und Erkenntnisse haben eine viel weitergehende Tragweite, die über meinen individuellen Lebenslauf hinausreichen. Darum müssen wir den langen Marsch sofort antreten.

Es soll eine Synthese und Harmonie zwischen Lehre, Forschung, Bildung und Aufbereitung von Publikationen bestehen.
Rückblickend auf die bisher geleistete Arbeit muß ich feststellen, daß ich während der langen Zeit meiner Lehrtätigkeit mehr als irgendein anderer von diesen Bemühungen profitieren konnte.

Während der Ausübung meiner universitären Lehrtätigkeit hat sich die Tradition etabliert, die Tage um mein reales und amtliches Geburtsdatum inhaltlich zu gestalten. Es findet ein mehrtägiges Seminar zu einem Themenschwerpunkt, meist mit Bezug auf die aktuell von mir erschienene Publikation statt. Zu diesem Zweck wird ein Gästehaus mit geeigneten Tagungsräumen und Übernachtungsmöglichkeiten gemietet. Die Gäste verbringen die Geburtstage als Lern- und Erkenntniszeit und genießen die Gemeinschaft bei Referaten, Diskussionen, Unterhaltung und Feiern. Es ist für uns alle eine bleibende, angenehme Erinnerung an persönliche Begegnungen und inhaltliche Studien. Das sind Erfahrungen, an die man auch viele Jahre später gerne zurückdenkt.

Verfolgungen

1971
Die Freude auf meine neuen Pläne in Hamburg sollte nicht ungetrübt bleiben. Zwei hohe Beamte aus der damaligen Bundeshauptstadt Bonn meldeten sich bei mir und kündigten ihr Kommen an. Ich habe nichts Gutes erwartet, da ich mit offiziellen Stellen keine gemeinsamen Interessen habe. Zu dieser Zeit habe ich im Europa-Kolleg in Hamburg-Othmarschen, wo ich zeitweilig tätig war, gewohnt. Ich habe einen Anschlag an das Schwarze Brett angebracht, auf dem ich von dem Besuch der ungebetenen Beamten und meinen Befürchtungen berichtete.

Der Grund für meine heftigen Sorgen rührte daher, daß zur gleichen Zeit eine unfreundliche Pressekampagne um meine Person lief. Außerdem berichteten mir befreundete Kollegen, daß über mich recherchiert werde. Auch Mitarbeiter der Universität Hamburg und von anderen Einrichtungen erzählen mir, daß Amtspersonen dort erschienen sind, um Informationen über mich zu sammeln. In Stuttgart und in Hamburg, meinen letzten Wirkungsstellen, fieberten Freunde um Karam Khella.
Die Beamten sind wie angekündigt ins Europa-Kolleg gekommen und bei mir erschienen. Sie haben sich als Beamte der „Sicherungsgruppe Bonn“ vorgestellt und mir unaufgefordert ihre amtlichen Ausweise vorgezeigt. Sie redeten auf mich einen Tag lang ein. Sie gaben mir deutlich zu verstehen, daß sie imstande seien, mir das Leben schwer zu machen. Sie sagten auch, wie ich angedrohte Schwierigkeiten vermeiden könne.
Die Agenten des Imperialismus versuchten wiederholt, mich mit schrecklichen Repressalien und fürchterlichen Verfolgungen einzuschüchtern. Im gleichen Zug legten sie mir verführerische Angebote einschließlich astronomischer Geldsummen und materieller Vorteile vor, wenn ich mich „kooperationsbereit“ erweisen würde. Was waren diese Angebote:
Ich bekäme ein eigenes Institut zu leiten, hohen Etat und beliebig viele Mitarbeiter zur Verfügung-den Traum eines jeden Forschers. Ohne daß ich nach dem geforderten Aufgabenbereich fragte, waren sie zuvorkommend und erläuterten ihre Wünsche: Analysen und Einschätzungen über antiimperialistische Bewegungen weltweit.

Ein Wort Jesu fiel mir ein, als spreche er direkt zu mir:
„Was hülfe es dem Menschen, so er die ganze Welt gewönne und nähme er doch Schaden an seiner Seele? (Matthäus 16:26)

Diesen unerwünschten Besuchern brauchte ich nicht viel zu sagen bis auf das Vierbuchstabenwort: „Nein!“, das ich an diesem Tag habe oft wiederholen müssen. Ansonsten habe ich mich auf eine Diskussion nicht eingelassen. Sie hielten sich mehrere Stunden in meinem Wohnzimmer auf.
Sie wissen nicht, daß ich viel reicher bin als durch alles, was mir ein Staat je zu bieten vermag. Es gibt in der Welt weder materielle Vorteile, noch sonst etwas, was mich hätte reizen könne. Dann lieber Repression und Verfolgung als Ämter und Titel, für die ich Lebensprinzipien aufgebe. Nichts ist soviel wert wie mein Selbstwert.

4. Dort, wo vorhandene Literatur einen falschen Weg gegangen ist, soll ich Alternativen aufbauen.
5. Literaturlücken schließen.
6. Eine Reihe bedeutsamer Phänomene der Welt und des menschlichen Seins sind bisher noch nicht als Lehrinhalte präsent. Diese müssen erfaßt, thematisiert, verfachlicht und zum bestehenden Lehrangebot hinzugefügt werden.

Absolute Priorität haben Skripte zu meinen Vorlesungen und Seminaren.
Ein präziser Arbeitsplan muß aufgestellt und strenge Arbeitsdisziplin eingehalten werden.

Karam Khella über den Autoren Karam Khella

Vorsätze des jungen Autoren Khella
Gerade wo heißes Eisen angefaßt wird und staatstragende Illusionen angetastet werden, ist äußerste Sorgfalt geboten. Folgende Leitsätze sind einzuhalten:

- Keine Plattheiten oder Allgemeinsätze.
- jeder Satz soll Inhalt vermitteln.
- Ein Buch muß Satz für Satz stimmen.
- Zusammenfassen wo möglich, ausführen soweit wie notwendig.
- den Lesern ein Optimum an Übersichtlichkeit vermitteln.
- darum komplexe Inhalte zerlegen.
- im einfachsten Fall Punkte aufzählen: 1, 2, 3, 4.
- Keine Inhalte unabgeleitet mitteilen.
- Spreu und Weizen scheiden.
- Keine Asche aufnehmen.
- Wenn man die Asche nicht ausscheidet, könnte man die Perlen übersehen.
- Deshalb: Scheide Unwesentliches aus, um Wesentliches hervorzuheben!

Meine nächsten Skripte bewegen sich auf den Gebieten der Sozialen Arbeit und der Sozialpädagogik. Ich stelle fest, daß die verfügbare Literatur unbefriedigend ist. Auf keinen Fall soll der Zustand der Ignoranz auf vielen Gebieten des sozialen Bereichs toleriert werden.

Meine nächsten Aufgaben:
Analyse der Bedingungen von Prozessen der materiellen und sozialen Verelendung.
Wer ist betroffen? Also Bestimmung der Betroffenheit.
Untersuchung der Lage der arbeitenden Bevölkerung in Verbindung mit Betroffenheit und Entstehung von sozialen Problemen.
Analyse der Ursachen und Folgen von Arbeitslosigkeit.
Mir kommen die Aufgaben zu, den historischen Kontext, die Ursachen und die Folgen der Arbeitslosigkeit aus dem Charakter des Systems und den gesellschaftspolitischen Bedingungen abzuleiten.
Vorherrschendes Nichtwissen wissenschaftlich bekämpfen, das Wissen über System, Struktur, Funktion und Praktiken der staatlichen, kirchlichen und überhaupt der etablierten Sozialarbeit verfachlichen und thematisieren.
Entmythologisierung von Ideologemen wie „Wohlfahrtsstaat", „Sozialstaat", Wohlstandsgesellschaft u.ä.
Dafür sollen klare begriffliche Alternativen aufgestellt werden.

Leitlinien
Als Autor stelle ich mir weitere Grundsätze und Richtlinien auf. Dabei ließ ich mich von folgenden Überlegungen leiten:

1. ***Wahrhaftigkeit:*** Schreiben ist heilig. Das geschriebene Wort bleibt auf ewig bestehen. Darum auf äußerste Sorgfalt, Genauigkeit, Richtigkeit und Wahrhaftigkeit achten.
2. ***Verifizierung:*** Die Thesen müssen von jedem nachvollziehbar verifiziert werden können.
3. ***Theoriebildung***: Der theoretische Ansatz der gewählten Fächer muß erst erarbeitet werden. Didaktisch muß er deutlich vermittelbar sein
4. ***Praxisbezug der Theorie und Theoriebegleitung der Praxis***, darum Notwendigkeit der Verbindung von Theorie und Praxis. In allem, was ich in Wort oder Schrift vertrete und mitteile, achte ich auf die praktischen Konsequenzen.
5. ***Methodik***: Zu den Elementen eines wissenschaftlichen Beitrags zählt unabdingbar die Methodik. Für die mir zugewiesenen Lehrgebiete – Sozialarbeit und Sozialpädagogik – müssen erst adäquate Methoden entwickelt werden. Die Arbeiten müssen methodisch transparent sein.
6. ***Historisierung*** des Gegenstands meiner Darstellungen.
7. ***Kausalität:*** Ursachenforschung und Ursachenermittlung sind elementare Bestandteile von Lehre und Didaktik.

Konsequenzen für die Schriften auf den Gebieten, die ich zur Zeit vertrete: Politikwissenschaft, Soziallehre und Sozialpädagogik

Die oben genannten Maximen verstehen sich als Alternative zum Charakter der vorhandenen bürgerlichen Wissenschaft, insbesondere der gesellschaftsbezogenen Fächer und der Sozialliteratur. Diese sind *atheoretisch*, *ahistorisch* und *akausal*.

Meine Antithese muß charakterisiert werden durch

a) Theoriebildung,
b) Historisierung der sozialen Frage,
c) Kritik des Selbstverschuldungstheorems, darum die Notwendigkeit der Neuaufarbeitung der sozialbezogenen Studienfächer,
d) die Kausalitätsfrage ist theoretisch und empirisch abzuleiten,
e) die Handlungsforschung bietet den Rahmen und gewährt den optimalen Weg in Lehre und Didaktik.

Darum müssen wir den klassischen Seminarbetrieb um „*Theorie-Praxis Projekte*" erweitern.

Priorisierung

Bei der Festlegung von Prioritäten gehe ich von folgenden Überlegungen aus:

a) Vorhandene Literatur, wenn sie relativ brauchbar ist, soll nicht ersetzt, sondern korrigiert, ergänzt und fortgesetzt werden.
b) Lehr- und Stoffgebiete, die noch nicht ausgearbeitet wurden, sollen in Wort und Schrift konstituiert werden.
c) Die Fächer Sozialarbeit und Sozialpädagogik sollen den jetzt vorherrschenden caritativen Ansatz überwinden und die Qualität „Wissenschaft" erlangen.

Meine Arbeiten sollen den Fortschritt der Wissenschaft vorantreiben.

Schwerpunkt Sozialarbeit und Sozialpädagogik

Die siebziger und achtziger Jahre des zwanzigsten Jahrhunderts stehen bei mir im Zeichen der Lehre auf den Fachgebieten Sozialarbeit und Sozialpädagogik sowie der „Situation der arbeitenden Bevölkerung". In diesen beiden Jahrzehnten lehrte ich diese Fächer an Universitäten und Fachhochschulen. Brauchbare Literatur fehlte so gut wie vollständig. Diese Tatsache war der Grund dafür, daß der

Schwerpunkt meiner Autorentätigkeit und Publikationen in diesen beiden Jahrzehnten auf sozialpädagogisches Gebiet gelegt wurden.

Einzug oppositioneller Wissenschaft in Universitäten und Hochschulen

Seit 1971 wirke ich offiziell als Hochschullehrer zunächst an der Universität Hamburg, bald später auch synchron an anderen Universitäten und Hochschulen.
Das Datum 1971 steht für eine Wende im Hochschulbereich. Die unmittelbare Vorgeschichte beginnt schon 1968.
Die Studentenbewegung begann in Ägypten. Ihr konkreter Ausdruck war das Manifest vom 31. März 1968 an der Universität Kairo. Von da verbreitete sich die Protestbewegung in alle vier Himmelsrichtungen. Sie erreichte Europa im Mai 1968.

Während dieser Zeit war ich im Vorstand der WSCF (World Student Christian Federation). Somit stand ich in Kontakt mit Studentenvertretungen weltweit. Von Anfang an war ich an der internationalen Studentenbewegung aktiv beteiligt. Dazu verfaßte ich seinerzeit ein „Manifest". Die Protestbewegung war – entgegen der verbreiteten Annahme – keineswegs auf Studenten beschränkt. Jedenfalls hat sie viel bewirkt. Universitäten und Hochschulen konnten nicht mehr so weiter machen wie bis dahin. Alles wurde in Frage gestellt. Konservative Einstellungen wurden mit Kritik konfrontiert. Niemand konnte den Ruf nach Erneuerung ignorieren. Eine gewisse Innovation war unvermeidbar. Alternativen konnte man nicht mehr aus dem Weg gehen.

Allenthalben wurde der Ruf nach Veränderung laut. An den Universitäten wurden neue Wege in der Wissenschaft gefördert. Das war der Hintergrund meiner Berufung an der Universität Hamburg. Hier wurde ich dem Studiengang „Sozialpädagogisches Zusatzstudium (SPZ)" als Lehrperson zugeordnet. Meine Berufung dahin geschah als Erfüllung einer studentischen Forderung.

Das war in der Tat der richtige Ort für meine Lehre. Das SPZ war insgesamt ein Reforminstitut. Neue Wege konnten erprobt und

Lehrexperimente durchgeführt werden. „Handlungsforschung" wurde eingeführt und das „Projektstudium" wurde eingerichtet.

Bis dahin stand die Lehre in der Sozialarbeit im Zeichen des Bundessozialhilfegesetzes (BSHG). Die Sozialstaatsillusion wurde durch Lehre und Ausbildung verstärkt. In der Folge waren die Betroffenen – und nicht die Sozialpolitik – schuld an ihrem Schicksal.

Ich habe mich um eine wirklichkeitsnahe Darstellung bemüht. Die Adressaten der Sozialarbeit mußten fachlich und öffentlich rehabilitiert werden.

Darum war nicht nur eine Analyse der wirtschaftlichen, sozialen und politischen Verhältnisse notwendig, sondern auch der Diskurs mußte geändert werden. Schluß mit Bezeichnungen wie „Randgruppen" oder gar „Asozialen". Ein Paradigmenwechsel im wahrsten Sinne des Wortes fand statt.

Meine Lehrtätigkeit als Fachvertreter für Sozialpädagogik und Sozialarbeit bedeutete eine neue Ära dieser Fachgebiete. Man sprach vom Übergang der Sozialpädagogik von ihrem vorwissenschaftlichen Stadium zur Wissenschaft. Eine Analyse der gesellschaftlichen Bedingungen, die zur Entstehung von sozialer Abhängigkeit führen, wurde vorgenommen.

Aus der Analyse eines jeweiligen Aspekts entwickelte ich Ansätze zum praktischen sozialpädagogischen Bezug. Die praxisorientierten Ausführungen wären auf den Kopf gestellt, leitete man daraus die Konsequenz ab, sie könnten die objektiven Mängel beseitigen, Defizite kompensieren oder gar erträglich machen. Würde ich Illusionen über die Möglichkeiten von Sozialarbeit und Sozialpädagogik unter kapitalistischen Bedingungen erwecken, so müßte ich mich konsequent in die Reihen der institutionalisierten Lehre einordnen. Andererseits bot eine damals vom ultralinken Spektrum aufgeworfene Parole „Soziales Elend kommt vom Kapitalismus – der Kapitalismus muß weg" keine sinnvolle Alternative.

Im Kontext der 1970er Jahre verbreitete sich in der Studentenschaft eine Euphorie über eine rasche, grundsätzliche Veränderung der gesellschaftlichen Strukturen und der herrschenden politischen Verhältnisse. Einem Teil der Utopisten schienen Kapitalismus und Imperialismus in der Agonie gewesen zu sein. Diese verbreiteten die Illusion von der Abenddämmerung des Kapitalismus, als würden Monopolkapital und Imperialismus ihr Scheitern eingestehen, kapitulieren und widerstandslos dem Sozialismus Platz machen.

In meinen Seminaren versammelten sich die unterschiedlichsten Fraktionen der Studentenschaft. Darin sahen sie eine echte Alternative zur konventionellen Wissenschaft. Auch Fraktionen der Radikalen und Ultralinken waren vertreten. Ihnen erschien meine Auffassung nicht radikal genug. In Diskussionsbeiträgen formulierten sie ihre Ansicht etwa so: „Der Kapitalismus liegt auf dem Sterbelager. Durch seine Soziallehre verhilft ihm Karam Khella zum Überleben, wie ein Doktor am Bett eines todkranken Patienten."
Natürlich habe ich gekontert: „Sicher bin ich derjenige, der sich über den Niedergang von Imperialismus und Kapitalismus am meisten freuen wird. Dies zu wünschen genügt aber nicht. Man muß sich auf einen langen und harten Weg einstellen".

Die individuelle Hilfe, die Gruppenarbeit und die Stadtteilpraxis sind von der politischen Systemkritik und den übergreifenden gesellschaftlichen Entwürfen nicht abzukoppeln. Die Träger von Sozialarbeit und Sozialpädagogik können staatliche, kirchliche oder sonst systemimmanente Einrichtungen sein. Gleichwohl sind die Mitarbeiter in pädagogischen und sozialen Einrichtungen den gegebenen Umständen nicht bedingungslos ausgeliefert.
Man muß davon ausgehen, daß die demokratische und fortschrittliche Praxis weder sinnlos noch machtlos ist. Sie ist in dem Maß sinnvoll, wie sie sich an den Interessen der werktätigen Bevölkerung orientiert. Die Interessen der Betroffenen können aber weder darin bestehen, ein Produktionssystem, das sie ausbeutet, enteignet und zermürbt, zu tragen, noch darin, ihre Sorgen und Bedürfnisse zu ignorieren. Die arbeitende Bevölkerung schafft Reichtum und erntet Gesundheitsverschleiß, Armut und soziales Elend. Man wäre falsch beraten, wolle man sich an kurzfristigen Aufgaben orientieren und von langfristigen Zielen ablenken. Auf der anderen Seite wäre man ein falscher Prophet, erweckte man den Eindruck von einer raschen Veränderung, wodurch Sozialarbeit überflüssige werde. Umso fataler, wären eilige Systemveränderer gleichgültig im Angesicht konkreter, real existierender sozialer Probleme und Alltagssorgen.

Demokratische Sozialarbeit heißt, die *Konfliktfähigkeit der Betroffenen* stärken und sie darin unterstützen, ihre Interessen durchzusetzen. Dabei lernen sie auch, die Bedingungen von Deklassierung und Verelendung zu beseitigen.

Bei aller Härte der Debatten herrschte aufrechter, tiefer gegenseitiger Respekt. Niemand beleidigte den anderen. Thesen und Antithesen konnten in Ruhe ausgetragen werden, jenseits der Hierarchie von Lehrer und Lernenden.

Bedauern mußte ich hingegen das Verblassen dieses Enthusiasmus für eine rasche, radikale Veränderung. In den 1980er Jahren wurde die radikale Seminarfraktion immer kleiner, immer stiller – leider!
In den 1990er Jahren verschwand sie allmählich. Wenn aus dem Seminar kritische Äußerungen zu meinen Thesen überhaupt laut geworden sind, dann kamen sie eher von rechts als von links.
Selbst wenn ich zwei Jahrzehnte zuvor ultralinke Beiträge nicht in jedem Fall besonders konstruktiv empfand, weine ich ihnen heute Tränen in Strömen nach. Jetzt wissen alle, daß 1968 weder die Abenddämmerung des Imperialismus begonnen hat, noch das letzte Stündlein des Kapitalismus eingeläutet wurde. Jetzt erst recht ist die Zeit, die Stimme gegen Imperialismus und Kapitalismus lauter denn je zu erheben.

Etabliert

Wie schon erwähnt nahm ich die Berufung der Universität Hamburg zum Dozenten am „Sozialpädagogischen Zusatzstudium" (SPZ) mit Beginn des Sommersemesters 1971 an.

1971-1999
Vom 1. April 1971 bis 31. Oktober 1999 war ich wieder Mitglied des Lehrkörpers der Universität Hamburg.
Die Fachrichtungen, die ich vertrat, waren vielfältig. Dafür habe ich mich multidisziplinär qualifiziert und Kompetenz auf mehreren Lehrgebieten erworben.
Seit 1971 war ich auf einer halben Stelle im öffentlichen Dienst der Freien und Hansestadt als Dozent an der Universität Hamburg beschäftigt. Diese Regelung erwies sich als sehr vorteilhaft, da ich

gleichzeitig an anderen Universitäten, Hochschulen und Einrichtungen Ausbildungs- und Lehraufträge wahrnehmen konnte. Die Fachrichtungen waren sehr unterschiedlich. Dabei mußte ich auswählen. Es waren zu viele Ausbildungsaufträge, als daß ich dazu noch meine Forschungsarbeiten und Publikationsvorbereitungen hätte leisten können. Ich mußte auswählen und mich bei der einen oder anderen Einrichtung entschuldigen und um Entlastung bitten.

Aufstieg des SPZ

1. April 1971-30. September 1982: Lehrtätigkeit an der Universität Hamburg am Studiengang "Sozialpädagogisches Zusatzstudium (SPZ)".

Meine Qualifikation für die Lehrtätigkeit auf dem Gebiet der Sozialpädagogik wurde im regulären Einstellungsverfahren geprüft und anerkannt.
Sozialarbeit und Pädagogik zählten zu den Grundlagenfächern meines Theologiestudiums in Kairo 1953-57. Einen in Deutschland erworbenen fachspezifischen Abschluß für Sozialpädagogik hatte ich bis dahin nicht. Diesen erwarb ich erst am 6. April 1977, am selben Institut, an dem ich dieses Fach schon länger unterrichtete. Die Erteilung des Zertifikats war eine reine Formsache. Damit erhielt ich offiziell eine sozialpädagogische Drittqualifikation und Bestätigung, spezifisch sozialpädagogische Fächer zu lehren, die ich auch bereits vor dem amtlichen Abschluß unterrichtete. Das war völlig korrekt abgelaufen, da mich zuvor meine Publikationen als ausreichend qualifiziert ausgewiesen hatten. Auf ihrer Basis erfolgte die Berufung.

Mein erstes Semester am SPZ war das Sommersemester 1971. Dort habe ich Brigitte Dottke kennengelernt. Sie studierte noch und nahm an meinem Seminar teil. Seitdem ist sie an meiner Seite geblieben und hat eine zentrale Bedeutung in meinem Leben inne.

Bei meiner Lehrtätigkeit an der Universität Hamburg handelte es sich um eine Dozentur nach dem damals geltenden Universitätsgesetz, dem letzten Vorgänger des seit 1976 in Kraft getretenen Hochschulrahmengesetzes (HRG), das im übrigen gegen den Widerstand von Lehrkörper und Studentenschaft durchgesetzt wurde.

Das SPZ war ein Zusatz-, Aufbau- und Kontaktstudium. Ich gestaltete Seminare für unterschiedlich qualifizierte Studiengruppen: Lehrer, Psychologen, Mediziner, Psychiater, Juristen usw. Meine Lehrangebote dienten dem Ausbildungsziel, im Rahmen des jeweiligen Spezialgebiets eine soziale Kompetenz zu erwerben. Ein Richter z.B. erwirbt die Qualifikation für eine Stelle am Familien- oder Jugendgericht. Das Hanseatische Oberlandgericht beauftragte mich, die Weiterbildung von Richtern und Richteramtskandidaten fortzusetzen. Analog beauftragten mich der Senator für Soziales oder die Gesundheitsbehörde, Weiterbildungskurse für ihre Mitarbeiter anzubieten.

Erneuerung: Am SPZ bot ich Seminare an zu allen Themenbereichen von Sozialpädagogik und Sozialarbeit. Ab 1972 richtete ich das Dauerseminar „Zur Lage der Industriearbeiter“ ein. Es handelte sich um die Bildungseinrichtung zur Forschung und Lehre auf dem Gebiet der „Arbeiterorientierten Wissenschaft“. Das halte ich heute noch wie schon damals für eine echte Innovation im Rahmen der akademischen Forschung und Ausbildung. Hier wurden u.a. die Stoffgebiete „Soziale Struktur des Betriebs“, „Sozialarbeit im Betrieb“, „Wohnsituation der arbeitenden Bevölkerung“, „soziale Lage“ und andere arbeiterorientierte Schwerpunkte untersucht und in der Lehre vermittelt.

Die Innovation in der Lehre und die fortschrittliche Perspektive für das Berufsleben machte das SPZ in den 1970ern und bis zu seiner Schließung 1982 zum Attraktionspunkt aller Reform- und Erneuerungswilligen. An meinen Lehrveranstaltungen konnten Mediziner, Juristen, Pädagogen, Lehramtskandidaten, Psychologen, Theologen, Naturwissenschaftler – aber auch nicht immatrikulierte Gasthörer – teilnehmen. Sie erhielten damit eine Zusatzqualifikation zur sozialen Ausrichtung im Beruf. Z.B. konnten sich Psychologen als Moderatoren qualifizieren. Für das Lehramt ausgebildete Pädagogen mit SPZ-Abschluß wurden von Schuleinrichtungen in sog. „Brennpunkten“ bevorzugt und angefordert.

Alternative und Erneuerung
Die „Arbeiterorientierte Wissenschaft“ wird begründet (1)

1972
Vom ersten Semester an beschäftigte mich die Frage, das Konzept meiner Lehrtätigkeit weiter auszuarbeiten. Schon von Anfang an waren meine Seminare als „alternatives Angebot“ angesehen. Dieser Ruf entsprach einem Bedarf in der Studentenschaft. Allgemein hatten fortschrittliche, kritische Lehrkräfte sozusagen Konjunktur.

Für meinen Lehrauftrag am SPZ setzten sich die Studentenschaft und reformwillige Lehrkräfte ein. Ihnen verdanke ich meine Berufung.

Ich war also nicht allein, vielmehr gehörte ich einer Fraktion an, welche eine Erneuerung gegenüber der konservativen Lehre an der Universität versprochen haben. Diese Hoffnung deckte sich ganz mit meinen eigenen Vorstellungen und Erwartungen.

Alternativ – Was heißt das?

1.
Inhalt, Methode und Theorie

1. *Alternativ* ist eine Lehre zuallererst durch ihre Inhalte.
2. Die *Inhalte* verlangen nach einer adäquaten Methode.
3. Darum wich ich vom Empirismus ab und vertrat ein Konzept der *Handlungsforschung.*
4. Der *Methode* übergeordnet ist die Theorie. Diese mußte ich erst entwickeln.
5. Unmittelbar müsse eine *Wissenschaftstheorie* aufgestellt werden.
6. Die Wissenschaftstheorie ihrerseits leitet sich aus der ihr übergeordneten *Erkenntnistheorie* ab. Letztere ist die Metaebene der Wissenschaftstheorie.
7. Man sieht, daß sich eine *Erkenntnispyramide* herausbildet, die von der oberen Fachebene bis zur Grundebene, dem Menschenbild reicht. Tatsächlich ist die Entdeckung der Erkenntnispyra-

mide viel älter als ihre formale Aufstellung gegen Mitte der 1990er Jahre.

Bis dahin müssen also die Überlegungen und Ableitungen reichen.

8. Noch habe ich an keine *„Universalistische Erkenntnistheorie"* gedacht. Indes lag sie keimhaft in meinen Überlegungen bei den ersten konzeptionellen Versuchen, die bei diesem Stand vorgestellt werden. Fast ein Vierteljahrhundert später wird die Erkenntnispyramide vollständig präsentiert.

2.
Einheit von Theorie und Praxis

Soweit die theoretische Frage. Eine alternative Lehre kann jedoch nicht kraft der „Theorie" allein alternativ sein. Es müssen weitere Kriterien aufgestellt werden, die über die Theorie hinaus greifen. Diese wurden gesucht, gefunden und ausformuliert. Die wichtigsten sind:

a) Gesellschaftsbezug,
b) Bestimmung von betroffenen Zielgruppen,
c) Praxisorientierung,
d) Wahrnehmung der Interessen der Betroffenen.

3.
Seminarkultur

Alternativ ist die Lehre auch durch die Seminarpraxis. Ich habe mit dem traditionellen Seminarritus und den klassischen Strukturen gebrochen. Anstelle der Lehrer-Schüler-Beziehung tritt ein kollegiales Verhältnis ein. Dies macht sich an äußeren und inhaltlichen Formen deutlich. Soweit ich sehe, bin ich der erste Hochschullehrer, der die Verwendung der Anrede „Sie" im Seminarbetrieb abgeschafft hat. Sie wurde durch die Anrede „Du" ersetzt. Mehrere KollegInnen folgten rasch diesem Beispiel.

Die menschliche Kommunikation soll in allem sichtbar sein, was Menschen tun. Anthropologische Grundsätze sind keine abstrakt theoretischen Fragen, sondern Praxis. Auch im Seminar gelten menschengemäßes Verhalten und demokratische Beziehungen.
Inhaltlich sollte in allem ein fortschrittlicher Lehrbetrieb praktiziert werden.

Als Rahmen zur Anwendung und Praktizierung obengenannter Kriterien eignete sich das SPZ hervorragend. Neue Organisationsformen von Vorlesungen und Seminaren wurden entwickelt und eingeführt. Insbesondere wurde das „Projektstudium“ aufgebaut. Es gab die Theoriebegleitung eines Projektes, Theoriebegleitende Praxis, Theorie-Praxis-Lernangebote u.a.

In meinen Seminaren pflege ich – vorab oder im Anschluß an das im curricular vorgesehene Thema – aktuelle Entwicklungen zu reflektieren und zu kommentieren. Gegebenenfalls lassen sich daraus praktische Aufgaben ableiten.

Wort und Schrift
Es ist ein Gebot der Didaktik, daß das gesprochene Wort durch die Verschriftung des Textes unterstützt werden muß.
Einen Entwurf zur Vorlesung habe ich erstellt und daraus mit Hilfe von Studenten durch damals im Lehrbetrieb noch verwendetes Wachsmatrizen-Verfahren eine erste Auflage von 500 Exemplaren erstellt. Nach der Vorlesung wurden sie den Verteilern buchstäblich aus der Hand gerissen. Sie wurden sehr begrüßt und ermutigten mich dazu, den Entwurf zur Erstellung meines ersten Buches über Sozialarbeit und Sozialpädagogik (1973) auszubauen. Weitere Teile folgten. Das Programm entwickelte sich schließlich zum Handbuch der Sozialarbeit und Sozialpädagogik (SASP) (1973-83).

Die Betroffenen als Gegenstand von Forschung, Lehre und Ausbildung

1972
Zur Bestimmung der Betroffenen diente der Ausdruck „arbeitende „Bevölkerung“ als Ausgangsbegriff. Dieser Ausdruck mußte enger gefaßt werden. Zielgruppen mußten näher bestimmt werden.

Die „arbeitende Bevölkerung“ ist auf die volle regelmäßige Auszahlung eines die Existenz sichernden Lohns angewiesen, um ihren Lebensstandard zu halten. Das ist nicht immer der Fall. Verschiedene Gründe und Erschütterungen führen zum Abbau, Unterbre-

chung oder gar Abbruch von Lohnauszahlungen. Die materielle und soziale Versorgung werden gestört.
Der Prozeß dieser Entwicklung bis hin zur Deklassierung und Verelendung mußte analysiert werden. Auch dort, wo die Folgen der Krise nicht vollumfänglich eintreten, lebt die arbeitende Bevölkerung in ständiger Angst um den Erhalt von Arbeitsplatz und Wohnung.

Daraus ergab sich die Konsequenz, zur Sozialarbeit und Sozialpädagogik eine komplementäre Wissenschaft hinzuzufügen.
Das war die Geburtsstunde der *Arbeiterorientierten Wissenschaft.*

Arbeiterorientierte Wissenschaft (2) Konstituierungsstadium – Entstehung des Konzepts

Arbeiterorientiert war ich schon immer. Ich selbst stamme nicht aus einer Arbeiterfamilie. Indes stand ich seit frühster Jugend in Kommunikation mit Arbeiterfamilien, da mein Vater selbst Fabriken besaß und eine beachtliche Belegschaft einstellte. Von späteren Erfahrungen von intensiven Begegnungen mit der arbeitenden Bevölkerung habe ich oben bereits berichtet. Hinzu kommen eigene Studien und Forschungsarbeiten über die Lage der arbeitenden Klasse.

Aus den gesammelten Erfahrungen und Erkenntnissen zog ich die Konsequenz, das Fachgebiet „Arbeiterorientierte Wissenschaft“ ins Leben zu rufen.
Als institutionellen Rahmen dazu richtete ich das Seminar „Zur Lage der arbeitenden Bevölkerung“ am „Sozialpädagogischen Zusatzstudium“ (SPZ) an der Universität Hamburg ein.
Die Studierenden zeigten große Motivation und beachtliches Interesse für dieses Lehrangebot. Das Seminar blieb bis zur Schließung des SPZ durch die Behörde und den Akademischen Senat der Universität Hamburg am 30. September 1982 bestehen. Es war theoretisch und praktisch aktiv und sehr begehrt. Auch deshalb war der Protest gegen die Gegenreformmaßnahme so heftig.

Eine literaturgeschichtliche Wende auf SASP-Gebiet

1973
Während der 1970er Jahre war ich hauptsächlich als Hochschullehrer für Sozialarbeit und Sozialpädagogik (SASP) tätig. Auf diesem Gebiet fehlten noch notwendige, akzeptable Lehrbücher. Die vorhandene Literatur war durch den caritativen Ansatz geprägt. Sie war ausgesprochen atheoretisch, ahistorisch und akausal. Die praktischen Hinweise waren rein bürokratischer Natur.

Meine Autorentätigkeit während der 1970er widmete ich vor allem den sozialpädagogischen und sozialarbeiterischen Lehrbüchern. Ich erkannte den Bedarf an einem Lehrwerk und stellte mir ein Programm auf, nach dem ich im zeitlichen Umfang von etwa zehn Jahren ein vollständiges Lehr- und Handbuch der Sozialarbeit und Sozialpädagogik zu verwirklichen habe.

Zunächst, 1972, erstellte ich Vorlesungs- und Seminarskripte. Diese setzte ich per Schreibmaschine auf Wachsmatrizen auf. Wie weiter oben bereits erwähnt, halfen Studierende mit. Die Skripte wurden vervielfältigt und fleißig studiert. Wegen der großen Nachfrage habe ich damit begonnen, die Skripte für den Druck aufzubereiten.

Das spannendste an einem Buch steht nicht im Buch

Im Jahr 1973 war ich intensiv mit der Erstellung der Einführung in die „Theorie und Praxis der Sozialarbeit und Sozialpädagogik“ befaßt. Als der Buchentwurf eine Form angenommen hatte, die der endgültigen Fassung nahekam, begann ich damit, mich mit Verlagen in Verbindung zu setzen, um über die Veröffentlichung zu verhandeln.

Dadurch wurde mir die Abhängigkeit des Autors von Verlagen klar. Kaum einer der Verlage war bereit, das Manuskript so zu drucken, wie ich es haben wollte, wie ich mir das Buch wünschte und wie ich die Vorlage abliefere. Hier meine ich nicht äußere Fragen, über die man diskutieren kann. Störend war der Versuch, Einfluß auf den Inhalt nehmen zu wollen. Die Verlage waren in ihren Änderungsvorschlägen sehr unterschiedlich. Allen gemeinsam war, daß ihre Änderungsvorschläge auf Zensur hinausliefen. Natürlich wollte jeder Verlag den Vorwurf „Zensur" von sich weisen. Diese wurde indirekt gefordert. Ein Lehrbuchverlag wollte zum Beispiel, daß ich die geplanten drei Bände mit insgesamt fünf Teilen zu einem einzigen Band zusammenfasse.

Ich hingegen hatte ein Lehr- und Handbuch für Sozialarbeit und Sozialpädagogik konzipiert. Diese Einteilung entsprach der Seminarsequenz, die sich über mehrere Semester erstreckt. Dafür erstellte ich einen Plan zu seiner Realisierung, wofür ich ein Jahrzehnt vorgesehen hatte. Ich weigerte mich, das inhaltliche Konzept politischen oder materiellen Interessen zu unterwerfen.

Zu der Zeit habe ich angefangen, über eine alternative Möglichkeit zur Herausgabe des Werkes nachzudenken. Wie könnte die praktische Realisierung des Buchprojektes, unabhängig von Fremdbestimmung und von der übergeordneten Macht eines Verlages, erreicht werden?
Spontan, aber nicht weniger entschieden war ich von einem Gedanken plötzlich und scharf überrascht. Wie ein Blitz oder eine elektromagnetische Welle schlug sie durch meinen ganzen Körper: „Gründe selber einen Verlag". Die Ehrfurcht vor dem Gedanken schlug in Erleichterung um: Ich muß nicht vor einem fremden Verlag in die Knie gehen.

Darüber habe ich dann nicht mehr lange nachgedacht. Sofort habe ich mich entschlossen, selbst einen Verlag einzurichten. Das Hauptmotiv war, von der Übermacht der Verlage frei zu sein. Daß es nicht risikofrei und problemlos laufen wird, war mir bewußt, aber kein Grund zur Verzögerung.

Ich hatte kein Geld zur Bezahlung von Setzern und Druckern. Ich hatte kein Vertriebssystem, kein Verlagsbüro, keine Verlagsadresse, keine Mitarbeiter. Es fehlte jede Infrastruktur, die für den Aufbau eines Verlages notwendig ist. Die Kette der Risiken wurde immer länger und komplexer. Mir wurden die potentiellen Schwierigkeiten und Gefahren immer klarer.

Meine Reaktion auf diese realistischen Befürchtungen war denkbar einfach: Ich verbot mir, darüber nachzudenken und hörte auf, darüber zu grübeln.

Das gesamte Kapital, das ich zur Verlagsgründung hatte, bestand aus einer „Idee“, einem „Manuskript, „Entschiedenheit“ und „Risikobereitschaft“,
Das war die Geburtsstunde des „**Theorie und Praxis Verlags**“. Sein Name deckt sich mit den ersten Worten des Titels des ersten Buches: „Theorie und Praxis der Sozialarbeit und Sozialpädagogik“.

Die Gründung geschah im Bruchteil einer Sekunde.
Der Prozeß der Gründung dauerte Monate. Einige Jahre mußten erst verstreichen, bis ich realisiert habe: Der Theorie und Praxis Verlag existiert wirklich.

6. Der Theorie und Praxis Verlag wird ins Leben gerufen (1973-83)

1973
Das Gründungsdatum des Theorie und Praxis Verlags[3] – 10. Mai 1973 – markiert eine literaturgeschichtliche Wende. Der Gedenktag – 40 Jahre nach der Bücherverbrennung unter den Nazis – war gerade verstrichen, bevor die Gründung des Theorie und Praxis Verlages öffentlich bekannt gemacht wurde. Trotzdem ist es richtig, den 10. Mai 1973 nicht nur als nominellen, sondern auch als realen Gründungstag anzusehen.

Der Name des Verlages ist seine Leitlinie: „Theorie und Praxis", Erkenntnis und Handeln, Wort, Schrift und Tat. Mit den theoretischen Grundlagen, die wir vermitteln, verbindet sich die Hoffnung, Wissen als Mittel der Veränderung zu nutzen.

Sinnreich sind zum einen das Gründungsdatum, zum anderen die Benennung des Projekts.
Eine unmittelbare Sinngebung ergibt sich aus dem Datum der Gründung des Theorie und Praxis Verlags: 10. Mai 1973, exakt vierzig Jahre nach der Bücherverbrennung am 10. Mai 1933 in Berlin, kurz nach der faschistischen Machtergreifung in Deutschland. TuP versteht sich als eine praktische und theoretische Antwort auf den Krieg an der Literaturfront.

10. Mai 1973 contra 10. Mai 1933

Die Bücherverbrennung unter den Nazis ist 1973 in Deutschland ein noch nicht aufgearbeitetes Ereignis. Ebensowenig werden neuere Methoden der Zensur und der Schere im Kopf kritisch reflektiert. Die Gründung des Theorie Praxis Verlags datiert also nicht zufällig auf den 10. Mai 1973.

---

[3] im folgenden kurz TuP-Verlag genannt

10. Mai 1973
Ohne zu formalistisch sein zu wollen, erwähne ich, daß ein Verlag nicht über Nacht, an einem fest datierbaren Tag, gegründet wird. Der Gründungsprozeß dauerte Monate. Der „10. Mai“ als Gründungstag ist richtig und berechtigt, hat aber auch einen symbolischen Wert. Er ist ein Zeichen.

„Bücherverbrennung“ geschieht auch ohne loderndes Feuer und zwar täglich und vor unseren Augen. Die Wahrheit wird totgeschwiegen.

Bücherverbrennung wäre gewesen, wäre ich den Forderungen potentieller Verleger gefolgt.

Bücherverbrennung findet heute statt. Es gibt viele Mittel, Bücher zu verbrennen. Man verbrennt Bücher zum Beispiel, indem man unerwünschte Literatur totschweigt. Die Medien verbrennen Bücher, die sie totschweigen, indem sie z.B. ihre Besprechung verhindern.

Bücherverbrennung geschieht heute noch, täglich und vor unseren Augen. Verschwiegen und verbrannt wird die Wahrheit.

Somit ist das Prinzip von TuP ausformuliert: Die Wahrheit!

Publikation 1973
Karam Khella, Theorie und Praxis der Sozialarbeit und Sozialpädagogik, Hamburg (Theorie und Praxis Verlag) 1973.

Der Beginn der TuP-Ära

1973-1974
Das Gründungsjahr des Theorie und Praxis Verlags – 1973-74 – brachte viele Aufgaben mit sich. Ein Verlag entsteht. Was für ein großes Projekt! Keine Bange! Die Ärmel hochkrempeln! Weitermachen!

Im Jahr 1974 wird das inhaltliche Konzept des Theorie und Praxis Verlags präzisiert.

Schwerpunkt der Arbeit des Theorie und Praxis Verlags ist der Aufbau einer oppositionellen, wissenschaftlichen Literatur und die Bildung einer Gegenöffentlichkeit. Mit seiner Gründung ist TuP als der Verlag des kritischen Fachbuches und der antiimperialistischen Literatur bekannt geworden. Zum einen konzipierte er ein Programm zum Aufbau einer wissenschaftlichen Bibliothek, die verschiedene Fachbereiche aus fortschrittlicher Perspektive darstellt. Zum anderen deckt TuP immer mehr Gebiete der Politik, des Internationalismus, der gesamtgesellschaftlichen Entwicklung, der Selbstdarstellung des Südens und der engagierten Belletristik ab. Er informiert durch die Analyse der Verhältnisse und orientiert auf Praxis und Veränderung.

TuP wirkt der Homogenisierung, Anpassung und dem Einheitsdenken entgegen.
Es gibt, aus meiner Sicht nur ganz wenige Einrichtungen, welche in vergleichbarer Prinzipienfestigkeit wie TuP klar, konsequent und geradlinig demokratische, fortschrittliche und antiimperialistische Ziele ohne Beimischung von Manipulation verfolgen.

Aus der Sicht des Zeitpunktes der Redaktion dieser Zeilen blicken wir wehmütig zurück. Während des Bestehens des Realsozialismus (bis 1990) konnte in Europa eine andere Literatur als die imperialistische bezogen und gelesen werden. Die Deutsche Demokratische Republik (DDR) hat den deutschsprachigen Raum mit sozialistischem Gedankengut versorgt. Zwar hatten wir unsere Kritik am osteuropäischen Realsozialismus vertreten, gleichwohl bedauern wir zutiefst seinen Niedergang. Der Zusammenbruch des Realsozialismus war auch in literarischer Hinsicht eine Katastrophe. Man muß leider feststellen, daß die Wende nicht nur im Osten stattge-

funden hat. Ihr folgte ein tiefgreifender atavistischer Rückschlag im Westen.
Die Frage, warum im Westen linke Verlage kurz nach der Wende auch verschwanden, ist eine eigene Tragödie. Im Westen hatte es nach 1968 für einen Zeitraum von gut zwei Jahrzehnten oppositionelle Literatur gegeben. Die Verlage, welche sie produzierten, sind jedoch rasch einer nach dem anderen untergegangen. Verlage, die einst gut angefangen hatten, bedienten sich der Fremdfinanzierung und verrieten ihre ursprünglichen Ideale.

So entstanden für den Theorie und Praxis Verlag neue Verpflichtungen und weitere Anstrengungen wurden notwendig. Seit seinen frühsten Anfängen erfreut sich TuP des Zusammenhalts und der Unterstützung seiner Sympathisanten und der Verankerung in der demokratischen Basis. Er profilierte sich von Anfang an durch seine Konsequenz und Prinzipienfestigkeit. Ohne seine grundsätzliche Position zu neutralisieren, blieb TuP stets bündnisfähig. Auf einigen Gebieten konnte er mit anderen Verlagen zusammen arbeiten. In wichtigen Fragen der offiziellen und inoffiziellen Zensur hat TuP mit einigen Buchhandlungen eine gemeinsame Front gebildet. Es gab beispielsweise eine linke Buchmesse als Alternative zur Frankfurter Buchmesse. Diese Front gibt es heute nicht mehr in der Weise, wie sie einst bestanden hat, da – zu unserem großen Bedauern – der größte Teil der Trägerschaft nicht mehr besteht. Einst stand Theorie und Praxis in einem – informellen – Verband. Heute steht er einsam, aber nicht ganz allein – gegenüber der Dominanz der bürgerlichen Masse. Am 10. Mai 2013 feierte der Theorie und Praxis Verlag sein 40-jähriges Bestehen. Literaturhistorikern bleibt es vorbehalten zu beurteilen, wie zwei Epochen der Buchgeschichte die geistige Entwicklung mitgeprägt haben.
Selbstbewußt, vertrauensvoll und von Solidarität getragen blickt unser Verlag in die Zukunft. Noch immer ist er bestrebt, das literarische Monopol und die geistige Diktatur der Herrschenden zu brechen. Die literarische Opposition hat dankenswerterweise nicht wenige Unterstützer.

Der Theorie und Praxis Verlag ist ein Abenteuer besonderer Art. Im deutschsprachigen Raum gibt es nur im Ausnahmefall andere Verlage, die sich nicht der Fremdfinanzierung bedienen bzw. von ihr abhängig sind.

Interessengruppen unterschiedlicher Art subventionieren – äußerst diskret – einen beliebigen Verlag, der ihre Ziele fördert. Die Rolle des Verlages besteht darin, daß er die Arbeit des Geldgebers durch seine Literatur publik macht. Gemeint ist hier nicht die offene Propaganda durch Werbeanzeigen. Vielmehr erfolgt die Werbung für die jeweilige Interessengruppe diskret und vornehm. In diesem Zusammenhang wird der Ausdruck „Schleichwerbung" verwendet. Der trifft aber auch die Sache nicht ganz. Die Propaganda, von der ich hier spreche, wird der Leserschaft als „Fachwissen", als „neueste Forschungsergebnisse" verabreicht. Sie unterwandert Schulbuch und Lehrwerk. Sehr bald ist sie Bestandteil der akademischen Lehre und des Schulunterrichts.
Die spektakuläre Aufbereitung und sensationelle Aufmachung angeblicher Umwälzungen der Wissenschaft vereinnahmt nicht nur Laien, sondern auch Fachleute.
Dieser extreme Wirkungsgrad ist der fragwürdige Erfolg geschäftstüchtiger Verlage. Von diesen kommerziellen Produkten profitieren nicht nur die Hersteller, sondern ebenso die Propagandaagenturen, die sich als Verlage vorgeben. Die Hirnwäsche erfolgt nicht durch auffällige Reklame, sondern inhaltlich, getarnt als Fachwissen. Ein anschauliches Beispiel ist die pharmazeutische Industrie. Die medizinischen Lehrbücher empfehlen die Produkte dieses Zweiges als Therapie. Das gilt ebenso für die pharmazeutischen Unternehmen wie für die Industrie, die medizinische Apparaturen herstellen.
Markt und Kommerz sind nur ein Beispiel für die Rolle der Verlage in der öffentlichen Manipulation. Nicht weniger gefährlich ist ihre Funktion auf politischem Gebiet. Auch ideologisch orientierte Interessengruppen setzen Verlage für die Zwecke der politischen Propaganda ein. Ihre Ziele werden als Sachbücher, aber auch als Lehrwerke propagiert.

Getragen wird TuP ausschließlich von den Mitteln seiner Leserinnen und Leser und von der Opferbereitschaft seiner Mitarbeiterinnen und Mitarbeiter. Das TuP-Team ist nicht groß, dafür hochgradig loyal. Schon 1973 stieß Brigitte Dottke zum neu gegründeten Verlag dazu und ist mit großem Einsatz bis heute dabei. Gute Freunde unterstützen uns auch durch den Fernkontakt und Telekommunikation über Ozeane und Kontinente.
Der Theorie und Praxis Verlag hat alle Versuche der Fremdfinanzierung und der Einmischung von Interessengruppen kompromißlos

abgeschlagen. In „Theorie und Praxis“ fließt nicht ein Cent Fremdfinanzierung ein.

Zur Unterstützung durch Leserinnen, Leser und Spender müssen natürlich mit gebührendem Respekt auch die Autorinnen und Autoren genannt werden. Ohne all diese Formen der Solidarität hätte TuP nicht bestehen können. Allen Freundinnen und Freunden müssen wir ganz aufrichtig dankbar sein wie allen Sympathisanten, die sich für die Verbreitung der TuP-Literatur in verschiedenen Städten und Ländern einsetzen. Uns ist bewußt, daß die Solidarität mit dem Theorie und Praxis Verlag auf der Basis der gemeinsamen inhaltlichen Überzeugungen beruht.

Prioritäten des Theorie und Praxis Verlages

Schwerpunkte des TuP-Programms sind u.a.:
a.) Das alternative Lehrwerk und das andere Schulbuch, Lehrmittelsammlung für Lehrerinnen und Lehrer
Ein politisches System reproduziert sich durch entsprechende Lehren. Im Geiste seiner Ideologie prägt der Staat das Bildungs- und Ausbildungswesen. Er erzieht die Erzieher. Seine Lehren werden an den Nachwuchs durch Multiplikatoren vermittelt. Die Multiplikatoren werden in seinem Sinne ausgebildet. Das Lehrwerk ist ein zentrales Mittel dazu.
Als Konsequenz setzt sich der Theorie und Praxis Verlag das Ziel, alternative Lehr-Literatur anzubieten. Zu den Schwerpunkten des Theorie und Praxis Verlags zählen das alternative Lehrwerk und Materialien für Lehrer und für den Unterricht.

b.) Das fortschrittliche Sachbuch
Die Entstehung des Theorie und Praxis Verlags korreliert mit dem Eingreifen der Gegenreform in das Schulwesen – deutlich seit 1973. Die ersten Publikationen des Verlags waren darum hochschulorientiert. Sie haben den Sinn, daß fortschrittliche Lehrinhalte gewahrt bleiben, auch wenn ihre Vertreter weniger werden und die Nachfrage reduziert wird. Es hat sich dann aber gezeigt, daß immer mehr Kreise außerhalb des akademischen Bereichs TuP-Literatur fordern. Ungewollt drohte der Ruf, TuP wäre elitär. Rasch reagierten wir damit, das Programm unserer Veröffentlichungen zu erweitern und volksnah zu veröffentlichen. Ein Blick auf unsere gegenwärtigen

Verzeichnisse wird von der Breite unseres Publikationsspektrums überzeugen.

c.) Arbeiterorientierte Wissenschaft

d.) Priorität: Solidarität und Humanismus
Allem voran publiziert TuP Literatur für die Ideen der antiimperialistischen Solidarität, Internationalismus und Humanismus.

e) Darstellung des Südens
f) Theoriebildung,

Hierher gehören die Universalistische Erkenntnis- und Geschichtstheorie sowohl als Denksystem wie auch als konkret angewandte Methode.

„Die Geschichte des Theorie und Praxis Verlags ist nicht zu trennen vom Erscheinen des ersten Buches – „Einführung in die Theorie und Praxis der Sozialarbeit und Sozialpädagogik" (1973) von Karam Khella. Der Theorie und Praxis Verlag (TuP) wurde 1973 als Eigenverlag gegründet und später erweitert. Karam Khella ist bis heute Hauptautor geblieben.

Meine berufliche Laufbahn steht im Zeichen der Lehre, Forschung und Ausbildung. Ich habe früh erkannt, daß zur mündlich vorgetragenen Lehre unbedingt Skripte gehören. Zum einen dienen sie der Vor- und Nachbereitung der Studierenden, zum anderen sind sie komplementär zum mündlichen Vortrag. Wort und Schrift sind nicht voll identisch. Sie ersetzen einander nicht, vielmehr ergänzen sie sich gegenseitig. Sie sind komplementär und aufeinander angewiesen.
Durch meine berufliche Lehrtätigkeit war meine schriftstellerische Arbeit vorgezeichnet. Meine Lehre ist eine Alternative zur bürgerlichen Wissenschaft. Dazu reichen die Vorlesungen, die stets gut besucht sind, nicht aus. Die oppositionelle Wissenschaft muß auch schriftlich dokumentiert und ausgewiesen werden.

Aus der Einsicht in die Notwendigkeit von Studienliteratur, die meine Lehre darstellt, entstand u.a. das Handbuch für Sozialarbeit und Sozialpädagogik.

1973 wurde meine erste Publikation auf dem Gebiet der Sozialarbeit und Sozialpädagogik veröffentlicht und mußte rasch – 1974 – neuaufgelegt werden.
Sie war auch die erste Veröffentlichung des Theorie und Praxis Verlags, der Theorie und Praxis Verlag feierte sein Debüt.

Karam Khella,
Einführung in die Sozialarbeit und Sozialpädagogik,
1973, neue Auflage 1974,
erschienen als erste Publikation des Theorie und Praxis Verlags Hamburg.

Publikationen 1974
Karam Khella, Einführung in die Sozialarbeit und Sozialpädagogik, 1973, neue Auflage 1974, Hamburg.
Karam Khella, Theorie und Praxis der Sozialarbeit und Sozialpädagogik, 1974, Lollar (Verlag Achenbach)

Literatur über Karam Khella (Eine Auswahl):
Fachschaftsrat des SPZ Universität Hamburg, Karam Khella – Dokumentation, Hamburg 1974.

Projekte, Ängste und Hoffnungen

1975
Heute feiern wir den 2. Jahrestag der Gründung des Theorie und Praxis Verlages. Wir betrachten die TuP-Mission als die tätige Antwort auf die Politik der Bücherverbrennung – damals und heute. Euphorisch war die Stimmung auf keinen Fall. Es war eher eine gemischte Stimmung von Freude und Sorge. Die Risiken schwebten wie Gespenster vor meinen Augen: Unbezahlte Rechnungen, Schuldenberge, keine weiteren Buchproduktionen.

Den Risiken stellten wir Projekte und Hoffnungen entgegen.
Umso trostvoller war die Erfahrung, daß keine der befürchteten Risiken eingetreten sind.

Unmittelbar nach der Verlagsgründung (1973) habe ich mit der Drucklegung des ersten Buches begonnen. Es wurde so gedruckt, wie es damals üblich war, in Bögen. Der Bogen hatte verso und recto jeweils 16 Seiten, insgesamt 32 Seiten. Normalerweise wartet man, bis alle Bögen fertig gedruckt sind und zu einem Buch gebunden werden. Ich hingegen nahm die 32 Seiten und verkaufte sie zu einem Subskriptionspreis von 8,– DM. Ich verkaufte sie in meinen Seminaren. Ich zog aber auch zu den Adressen von Bekannten. Von Tür zu Tür verkaufte ich die losen Blätter. So konnte ich den Druck finanzieren. Die Druckerei mußte wohl oder übel warten, bis ich genug Geld hatte, um die fällige Rate zu bezahlen.

Wie gesagt, der erste Band „Einführung in die Sozialarbeit und Sozialpädagogik" wurde zunächst als lose Blätter von jeweils 32 Seiten verkauft. Der Käufer bezahlte aber den vollen Preis des Buches, 8.– DM. Auch ich als Autor brauchte nicht das volle Manuskript zur Drucklegung einzureichen, sondern nur soviel, wie es für einen Bogen oder 32 Seiten reicht. Während die Druckerei den Text setzte und druckte, arbeitete ich an der nächsten Folge.
Als das gesamte Buch fertig war, das heißt, nicht mehr als lose Blätter, sondern vollständig gedruckt und gebunden war, ist es rasch verkauft worden. Aus dem Verkauf des ersten Bandes finanzierte ich den Zweiten.

Der unerwartet große Erfolg der ersten Publikation verstärkte den Ansporn, das Verlagsprojekt zielsicher, unbeirrbar und konsequent zu verfolgen. Seitdem wird TuP auf- und ausgebaut. So ist der „Theorie und Praxis Verlag" zu seiner gegenwärtigen Größe gewachsen. Heute ist er eine feststehende Einrichtung oppositioneller Literatur eigenen Profils.

Akademische Abhandlungen, allgemein interessierende Veröffentlichungen und Beiträge in Fachzeitschriften: Die Publikationen haben einen schier unüberschaubaren Umfang angenommen und lassen sich nicht hier zusammenfassen. Ein Blick ins Internet überzeugt. Ich hielt es für besser, einige Motive und Thesen aus der frühen Diskussionsphase in dieser Autobiographie zu bringen, als diese ganz auszulassen. Unter der Überschrift „Publikationen über Karam Khella" findet die/der Interessierte eine Auswahl, stellvertretend für die, welche hier nicht angegeben sind. Mir persönlich lagen mehrere Arbeiten zur Begutachtung vor. Exemplarisch nenne ich einige der ersten Abhandlungen:

- Dr. Josef Bura: Obdachlosigkeit in der Bundesrepublik: Ursachen und Entwicklung – ein Beitrag zur Theoriebildung, (Universität Bremen, Doktor Dissertation) 1979
- Broder Braumüller, Sozialarbeit von unten, Fulda (Diplomarbeit) 1983.

Aus Rezensionen und Laudationes

Die sozialpädagogischen Fachmedien stellen den innovativen Ansatz Khellas heraus. Die Rezensoren betonen die Überlegenheit des neuen Ansatzes, loben ihre Begründung und Ableitung und registrieren ihre Verbreitung. Die Rezensionen der Fachmedien stellen die Erneuerung und die hilfreiche Praxisorientierung der Publikationen von Karam Khella heraus. Zitate aus Rezensionen:

Rasch und betont positiv war der Kommentar der Zeitschrift „ARGUMENT" über: Khella, Einführung in die Sozialarbeit und Sozialpädagogik, (erschienen 1974).

Mit Karam Khellas „Einführung in die Sozialarbeit und Sozialpädagogik" (1974) hat sich in der fortschrittlichen Sozialpädagogik die systematische Darstellung der Lage der arbeitenden Bevölkerung als gesellschaftsanalytische Voraussetzung des Verständnisses der sozialen Basis für die Sozialarbeit und Sozialpädagogik durchgesetzt.

Das „ARGUMENT": „Die Zeiten haben sich geändert" 06.05.1975 und weiter:

Karam Khella stellt einen Zusammenhang zwischen ökonomischer Krise und der Sozialarbeit und Sozialpädagogik her.

Inzwischen ist diese Beziehung Gemeingut einer materialistischen Theorie von Sozialarbeit und Sozialpädagogik.

Eine neue Ära von Sozialarbeit und Sozialpädagogik hat begonnen, das wurde festgestellt. Meine Theorie der Sozialarbeit und Sozialpädagogik hat sich rasch durchgesetzt.

Marburg

1974 Berufung nach Marburg. Beginn der Lehrtätigkeit ab 1975.

1974 wurde ich an die Universität Marburg auf eine Professur am Studiengang „Diplompädagogik" berufen. Die Qualifikationsanerkennung erfolgte auf der Basis meiner Publikationen. In den Gutachten der Berufungskommission an das Hessische Kultusministerium hieß es ausdrücklich: Khella sei für einen Dozentenstatus überqualifiziert. Die Berufung auf eine Professur am Diplom-Studiengang erfolgte unter dem Hessischen Kultusminister von Friedeburg.

1976
Ich wurde an viele Hochschulen und Bildungseinrichtungen eingeladen, um über meinen Ansatz und die Grundlagen, aber auch Einzelfragen der Sozialarbeit und Sozialpädagogik zu referieren. Die Vervollständigung des Lehrwerkes, das sich mit meinen Auffassungen deckt, wurde immer dringlicher.

Der Zehnjahres-Plan wird fortgesetzt
Das Projekt:
Ein Lehr- und Handbuch für Sozialarbeit und Sozialpädagogik

(1973-83)
Der erste Band von „Khella, Handbuch der Sozialarbeit und Sozialpädagogik" wurde breit rezipiert. Die Ansätze der neuen Lehre haben sich deutlich durchgesetzt. Ich wurde oft zur Lehre auf diesen Stoffgebieten berufen und mußte oft um Entlastung bitten.

Dafür war ich intensiv damit befaßt, die weiteren Bände des Lehrwerks für Sozialarbeit und Sozialpädagogik fertig zu stellen. Bei den steigenden Ansprüchen der Leser- und Hörerschaft mußte ich auf Wünsche und Empfehlungen eingehen. Ich mußte das Konzept des Lehrwerks für Sozialarbeit und Sozialpädagogik stärker präzisieren:

Probleme – Lösungen – Entwurf

Als ich damit begonnen habe, Lehrbücher zur Sozialarbeit und Sozialpädagogik (SASP) zu verfassen (1972/73), erkannte ich einen Komplex von Problemen, die gelöst werden müssen, um eine inhaltlich und didaktisch sozialpädagogische Literatur neuen Typs zu präsentieren.

Nach mehreren Semestern der Lehrtätigkeit auf den Gebieten des sozialpädagogischen Breitspektrums konnten die erforderlichen inhaltlichen Ziele und didaktischen Methoden genauer bestimmt werden. Hinzu kommen die aus den Praxisprojekten gewonnenen Erfahrungen. Ihre Konsequenzen für die Ausbildung konnten aufgearbeitet werden.

Mit großer Intensität arbeitete ich an der Fertigstellung der geplanten Lehrbücher. Die Probleme der Darstellung der sozialen Fragen und ihrer didaktischen Vermittlung sind vielfältig. Zudem sollten die Analysen nicht abstrakt, sondern problemnahe und praxisorientiert aufbereitet werden.
Damit habe ich die Apologie dafür vorgetragen, warum sich das Erscheinen des zweiten Bandes des SASP-Handbuches verzögern mußte. Mir war es immer wieder peinlich, die Kollegen und Studierenden, welche danach fragten, um Geduld zu bitten.
Die hohe Motivation für die weitere Arbeit am Handbuch erhielt ich dadurch, daß ich diese Fächer unterrichtete und bei Studierenden große Akzeptanz erfahren habe. Im Kollegenkreis war die Aufnahme des Werkes sehr unterstützend.
Parallel liefen Projektstudien. Ich persönlich empfand dies nicht nur als eine sinnvolle Arbeit und als innere Genugtuung. Lernende und Dozent konnten die Vorzüge der Alternative zum bürgerlichen Angebot deutlich erfahren.

1976 und 1977 stand die Erstellung des Skriptes zum zweiten Band des SASP-Lehrwerks im Mittelpunkt meiner Arbeit. Wie auch sonst, hielt ich schon Vorlesungen und Seminare zum Thema der bevorstehenden Publikation.

7. Die Konstituierung der Sozialarbeit und Sozialpädagogik als Wissenschaft Theoriebildung, Sprache, Termini technici und Diskurs

Theoriebildung: Das erste Problem war die Konstitution der Theorie. Sie fehlte total.

Ein Folgeproblem des Fehlens der Theorie ist das Fehlen einer adäquaten Sprache, eines Fachdiskurses, zum Beispiel:
Wie kann man heute in der BRD eine Verelendungstheorie aufstellen? Es herrschen Illusionen wie „Sozialstaat“ und „Wohlfahrtsgesellschaft“. In seiner Selbstdarstellung präsentiert sich der Staat mit Parolen wie „Wohlstand für alle“, „Chancengleichheit“ und definiert sich als „sozialer“ und als „Rechtsstaat“.

Die Schichten der Bevölkerung, die keinen Anteil am „Wohlstand“ haben, werden im Kontext der 1960er und 70er Jahre völlig ignoriert und weggedacht, als gäbe es sie nicht. Die deutsche Sprache prägte nicht einmal Ausdrücke, die geeignet wären, um die Gegenwart und die Existenz sozialer Schichten unterhalb eines menschenwürdigen Lebensstandards wahrzunehmen. Wird sie genannt, dann im gleichen Atemzug wie „selbst schuld an ihrem Schicksal". Wenn auf sie hingewiesen wurde, dann stets mit Attributen wie „asozial“ und „unnormal“.

Also mußte das Sprachproblem gelöst werden, um die Theorie adäquat darzustellen.
Es ist erfreulich, daß sich der Diskurs, geändert hat, und zwar erheblich. Es wäre aber ein Fehlschluß, meinte man, nun habe die Sprache die Betroffenen und sich selber rehabilitiert. Unerfreulich ist der Verlust des historischen Gedächtnisses. Die Sprache hat sich geändert, die Problemlage hat sich verschärft. Die Betroffenen werden registriert, nicht aber die Tatsache, daß sich ihre Lage quantitativ und qualitativ verschlechtert.

Sprache
Zur Notwendigkeit eines Begriffsinstrumentariums: In der Literatur und im soziologischen und sozialarbeiterischen Diskurs herrsch-

te eine Sprachverwirrung. Selbst Marx, der begriffsbewußt war, fand nur diffamierende Ausdrücke, um Schichten zu bezeichnen, die aus dem Produktionsprozeß und dem sozialen Zusammenhang herausfallen. Bei anderen Klassikern war es nicht viel anders. Darin unterschied sich der marxistische oder materialistische Ansatz kaum von der bürgerlichen Begrifflichkeit. Hinsichtlich der Bezeichnung und Definition von Adressaten der Sozialarbeit sprachen jene Klassiker und selbst Autoren von sozialarbeiterischer Literatur von

Pauperismus,
Lazarusschicht
Lumpenproletariat,
Subproletariat,
Randgruppen

Der in den Behörden übliche Sprachgebrauch verrät ihre Einstellung zu den sozial Benachteiligten: Sie werden verwaltet. Die soziale Frage bleibt bestehen, damit einher geht der amtliche Sprachgebrauch.

Ich hielt es für notwendig, ein neues Begriffsinstrumentarium einzuführen, das sich mit meinem theoretischen Ansatz und meinem Menschenbild deckt.

Wie geht man vor? Weder Enzyklopädien noch Wörterbücher bieten Hilfe.
Der Imperialismus hat die Sprache soweit korrumpiert, daß sie sich kaum mehr für eine anthropologisch gerechte, inhaltlich korrekte und sachlich dienliche Darstellung eignet. Der bürgerliche Diskurs ist euphemisch. Dadurch ist er desensibilisierend für Probleme, die der Imperialismus erzeugt, aber nicht zur Kenntnis nimmt.
Auf der Korruption der Sprache baut die Manipulation auf. Ein System, das Verelendung schafft, sich aber „sozial“ nennt, ist ein Beispiel dafür, wie mit Kunstbegriffen öffentliches Bewußtsein verschüttet wird. Menschen leben unter einem System, das Elend und Pathologien erzeugt, und reden von „Wohlstandsgesellschaft“.

Die Sprache mußte also gründlich revidiert werden, um die Verhältnisse realitätsgerecht darzustellen und bewußt zu machen.
Nach Wort und Inhalt mußte eine Sprache neu geprägt werden.

Nach Kräften habe ich dazu meinen Beitrag geleistet. Viele Begriffe mußten neu konstruiert werden. Ein direkter, teils schockierender Stil, kam in Gebrauch.

Fachsprachliche Begriffe (Termini technici): Die bisher für den sozialen Bereich übliche Nomenklatur war diskriminierend, stigmatisierend und vorurteilsgeladen, bestenfalls bürokratisch, buchhalterisch. Das Behördendeutsch war auch der übliche Fachdiskurs der Lehre.

Man nannte sie	„*Randgruppen*" statt	„*Zielgruppen der SASP*".
Man sprach von	„*Subkultur*" statt von	„*Adressaten der Sozialarbeit*".
Man sagte	„*unsozial*" statt	„*Betroffene*", „*Klienten*".
Man sprach von	„*Gestörten*" statt von	„*Hilfesuchenden*", „*Klientel*".
Man sagte	„*der Fall*" statt	„*Ratsuchende*".

Auch Kinder und Jugendliche wurden in der Soziallehre nicht verschont. Die Attribute reichten von „verwahrlost" bis „delinquent". Das soziale Abc lautete: „abartig", „bösartig" etc.

Heute sind Ausdrücke wie, „asozial" und „unnormal" in der Fachsprache deutlich zurückgegangen und selbst dissozial und unnormal geworden.
Bürgerliche Termini mußten erst aufgegriffen und demaskiert werden, um sie außer Kraft zu setzen, und Platz für einen neuen sensibilisierenden Diskurs zu machen.
In den siebziger und noch in den achtziger Jahren des zwanzigsten Jahrhunderts mußte man jenseits der Linguistik und der amtlichen Sprachreformen einen regelrechten Kampf führen, um eine soziale, anthropologisch gerechte Sprache einzuführen. Ein komplettes Begriffsinstrumentarium mußte neu geschaffen werden.

Die Sensibilisierungsphase setzt mit der Sprache ein. Rasch entstand eine Bewegung, die schon äußerlich am Diskurs erkennbar war.

Ich stellte fest, daß ich nicht allein an der Sprach- und Kulturfront gestanden habe Meine Bücher und meine Lehre leisteten ihren Anteil, andere wirkten in der gleichen Richtung.
Erfreulicherweise hat sich die alte Nomenklatur nach Erscheinen meiner ersten SASP-Bände nicht länger behaupten können. Man

konnte nicht mehr diskriminierende Begriffe gebrauchen, ohne sofort herbe Kritik einstecken zu müssen.

Diskurs: Neue Begriffe zu prägen reicht nicht aus. Der Bedarf an neuem Diskurs ergibt sich schon aus dem Menschenbild. Respekt, Achtung und Anerkennung der Betroffenen muß sich sowohl in der Fachsprache als auch in der gesamten verbalen Kommunikation widerspiegeln. Die Probleme der Sprache und des Diskurses mußten zuallererst gelöst werden. Nachträglich erkennen wir noch deutlicher die Notwendigkeit der Sprachrevision.

Bei dem Bemühen, eine Sprache neuen Vokabulars und Stils zu schaffen und bei der Prägung neuer fachsprachlicher Termini erwies sich meine linguistische Ausbildung als sehr hilfreich.
Erfreulich und ermutigend war die rasche Rezeption des neuen Sozialdiskurses. Selbst die Behörden kamen daran nicht vorbei. Indes sind Begriffe keine Formfrage, sondern Umschreibungen für theoretische und inhaltliche Ableitungen.

Es muß aber auch darauf hingewiesen werden, daß die Sprachrevision noch lange nicht zu Ende ist. Auch in bezug auf Psychiatrie, Medizin, Jurisprudenz, transkulturelle Kommunikation und andere Gebiete besteht noch großer Bedarf.

Zur Methodik beim Vorgehen auf dem Weg zur neuen Fachsprache für den Sozialbereich

Beispiele

Die Definition der Zielgruppen der Sozialarbeit hängt eng zusammen mit dem Herausfallen aus dem regulären Arbeitsleben. Mit dem Ausstieg aus dem Produktionsprozeß fallen die Betroffenen als Folge aus dem sozialen Zusammenhang. Da aber diese Gruppen nicht entsprechend vom System der sozialen Versorgung aufgefangen werden, verlieren sie schrittweise ihre gesellschaftliche Integration und werden sozial ausgegliedert. Dieser komplexe, mehrstufige Prozeß hängt ursächlich und letztlich mit dem Herausfallen aus dem Klassenzusammenhang und folglich auch aus anderen sozialen Beziehungen zusammen. Darum umschreiben wir diesen Prozeß adäquat mit dem Begriff „*Deklassierung*".

Deklassierung umschreibt den Prozeß des Herausfallens aus dem Klassenzusammenhang. Auf die Deklassierung folgt die Verelendung.
Verelendung umschreibt im historischen Kontext das soziale Phänomen des allgemeinen Anwachsens der proletarischen Elendslage. Dieser Prozeß wurde bis dahin als „Pauperisierung“ bezeichnet.

Mit der Deklassierung wachsender Teile der Bevölkerung gehen unterschiedliche Formen und Folgen der Verelendung einher.

Fazit
Theorie, Inhalte, Diskurs, Didaktik, Klientenorientierung und Praxisbezug sind wesentliche Elemente einer neuen Schule der „Sozialarbeit und Sozialpädagogik“. Mit der Lösung dieser Fragen sind die Voraussetzungen geschaffen worden, das „Handbuch der Sozialarbeit“ zustande zu bringen. Für seine Erstellung habe ich ein volles Jahrzehnt (1973-83) zur Verfügung gestellt. Dieser Zehnjahresplan schien mir realistisch und durchführbar zu sein. Mit dem Erscheinen des zweiten Bandes um 1978 konnte gerechnet werden.

Publikationen 1976
Literatur über Karam Khella (Eine Auswahl):
F. Buer, Krise und Sozialarbeit – Zur Konstitution des Gegenstandsbereichs einer marxistischen Theorie der Sozialarbeit, Kronberg 1976.
Fachschaft, Universität Marburg,
Dokumentation zu Karam Khella, Marburg 1976.

Armut – Endlich ein Forschungsgegenstand
Die Armut wird staatlich anerkannt

1977

Die Mythen von „Wirtschaftswunder", „Vollbeschäftigung", „Chancengleichheit" und „Sozialstaat" mußten notwendig zur Ignorierung der Armut führen. In der akademischen Forschung, Lehre und Bildung fehlten Fächer, die sich damit befassen. Der Ausdruck „Bildungslücke" reicht nicht aus. Der Wissenschaftsbetrieb war buchstäblich vorwissenschaftlich.

Die fachliche Thematisierung von Belangen unterer Einkommensschichten geschah nicht widerstandslos. Es wurde sogar als Provokation empfunden, Armut in Verbindung mit der Bundesrepublik Deutschland zu bringen und sie quasi als ein Land der „Dritten Welt" einzuordnen. Inzwischen hat man sich wohl daran gewöhnt, Statistiken über Armut in Deutschland zur Kenntnis zu nehmen.

Armut muß nicht sein. Es wird zwar behauptet, daß Armut bekämpft werde, real steigt die Zahl der Armen kontinuierlich. Es gibt die Ideologie der Armutsbekämpfung, gleichwohl gibt es auch die Ideologie der Armutserhaltung.

Deutschland hat den Zweiten Weltkrieg zwar militärisch verloren, aber wirtschaftlich gewonnen. Der größte Verlierer des Kriegs war sein größter Gewinner. Die Riesenprofite wurden in den beiden Jahrzehnten nach dem Krieg verschwenderisch vergeudet. Die Periode der Hochkonjunktur und Vollbeschäftigung ist inzwischen vorüber. Der Krisenzyklus mit Rezession und Arbeitslosigkeit setzt wieder ein.

Die erste Auflage des ersten Bandes des Handbuches für Sozialarbeit und Sozialpädagogik (1973) war geschrieben worden noch vor den Auswirkungen der Rezession Mitte der siebziger Jahre. Schon bei der Herausgabe der zweiten Auflage (1982) war keine Rede mehr von „Wirtschaftswunder", „Hochkonjunktur" und „Vollbeschäftigung". Erstmalig im Nachkriegsdeutschland übersteigt die Zahl der Arbeitslosen die Millionengrenze.

Die Armut wurde bis dahin amtlich geleugnet. Nun mußte die offizielle Propaganda diese Lüge einstellen.

Indes solle man sich davor hüten, von einer Wende in der amtlichen Darstellung zu sprechen. Es handelt sich wohl um eine Konzession an die empirisch gestützte Kritik, die sich bei ihrer erstmaligen Veröffentlichung schockartig auswirkte. Bis dahin wurde Armut höchstens als eine Ausnahmeerscheinung eingeräumt. Die Armut einer breiten Schicht wurde geleugnet. Negiert wurde der Anteil von Menschen mit Einkommen unterhalb des Existenzminimums. Noch gravierender war das offizielle Bild von der Wohnsituation. Verbreitet wird die „Eigenheimideologie", real ging die Zahl der Obdachlosen über die Millionengrenze. Im Sommersemester 1971 waren Seminarteilnehmer schockiert, als sie die Angabe von einer Million Obdachlosen auf dem Gebiet der damaligen BRD (Westdeutschland) hörten. Das damals aktuelle amtliche statistische Jahrbuch gab die Zahl der Obdachlosen mit 50.000 an.
Mit dieser Angabe konnten sich Obdachlosenprojekte unter anderem am „Sozialpädagogischen Zusatzstudium (SPZ)" (Universität Hamburg) aber auch an Fachhochschulen für Sozialarbeit nicht abfinden. Unsere Informationen und Analysen basierten auf Untersuchungen, die an einigen Großstädten, darunter Hamburg, durchgeführt wurden. Insgesamt konnte ein anderes Bild der sozialen Frage als das amtliche ermittelt werden.

Aus dem Privatleben eines Forschers
Ein Zwischenfall

Das öffentliche Erscheinungsbild und die private Lebensweise eines Forschers klaffen nicht unerheblich auseinander. Eine Episode aus dem Jahr 1977 sei genannt. Ich schloß mich für mehrere Tage in die Wohnung ein, um den zweiten Band des Handbuches für Sozialarbeit und Sozialpädagogik zu beenden. Ein Termin zwang mich, die Wohnung zu verlassen. Ich sollte zum Standesamt, da ein befreundetes Paar mich als Trauzeuge auserwählt hatte. Am Vortag begann ich damit, mich öffentlichkeitsfähig zu machen. Dazu gehörte der Gang zum Friseur. Dieser versuchte, den Kamm durch die Haare zu ziehen, stieß aber auf undurchdringliches Gebüsch. Der Friseur weigerte sich, mir die Haare zu schneiden. Ich mußte gehen. Natürlich habe ich mich zu seiner Handlung bzw. Nicht-Handlung geäußert und ihn abqualifiziert: „Sie sind ein kulturloser Mensch". Tatsächlich war ich der Meinung, daß nicht ich, sondern er an Kultur-

mangel leidet. Es stand für mich jedenfalls fest, daß Friseure die Haare von Forschern und Schriftstellern nicht schneiden können. Ich versichere aber, daß es das einzige Mal war, daß ich aus einem Friseurladen ohne Bedienung rausgegangen bin.
Wichtig ist, daß ich rechtzeitig zum Termin erschienen bin. Es war so knapp, daß sich das Paar Sorgen um mich machen mußte. Das Ehepaar Khalil lebte glücklich für viele Jahre.

1978
Barbara Steeger, seinerzeit Teilnehmerin an meinen Seminaren am SPZ, Universität Hamburg, später Aktivistin in Selbsthilfegruppen von Sozialhilfeempfängern, initiierte den „Warenkorbtisch" und ist Autorin verschiedener, empfehlenswerter Werke.
Barbara Steeger über Karam Khella:
„*Und Karam kann das – so pickfeine, kalte Höflichkeit mit tödlichem Unterton, der ins Schwarze trifft.*" 11.03.1978

1975-78
1. April 1975-31. März 1978: Lehrtätigkeit an der Universität Marburg. Hier lehrte ich an den Studiengängen „Diplom-Pädagogik" und „Diplom-Sozialpädagogik".

Von Wirtschaftswunder und Vollbeschäftigung über ABM zu Hartz IV und 1-Euro Job

1978
Die in den späten 1970ern eingeführten Arbeitsbeschaffungsmaßnahmen (ABM) sind nach meiner Einschätzung nicht wirklich problembezogene, dienliche Arbeitsbeschaffungs-Maßnahmen. Die Arbeitspolitik hat die Vorschläge zur Konversion der Rüstungsproduktion in zivile Produktion vereitelt und damit eine menschliche, menschenwürdige, gesellschaftlich nützliche Lösung der Problematik von Arbeitslosigkeit verunmöglicht. Dafür führte sie die sogenannten „Arbeitsbeschaffungsmaßnahmen" (ABM) ein. Diese kapitalorientierte Alternative bedeutete Ein- und Absetzung menschlicher Arbeitskräfte nicht nach den Bedürfnissen der Betroffenen und der Gesellschaft, sondern ausschließlich nach Unternehmensinteressen („Regulatory of human power"). Trotzdem bedauerte ich es,

war hilfreich und weiterführend, anderes weniger. Bekanntlich haben Marx und Engels keine systematische Abhandlung über Dialektischen und historischen Materialismus erstellt, sondern nur gelegentliche Exkurse darüber geschrieben, ohne den Ausdruck „Dialektischer und Historischer Materialismus" zu benutzen. Spätere Gelehrte haben sich bemüht, die Grundlagen dieser Philosophie monographisch abzuhandeln, ohne daß dies ausreichend geglückt ist.

Diesen Mangel und den theoretischen Notstand empfand ich als Herausforderung, selbst die Literaturlücke zu schließen und die Monographie über den Dialektischen und Historischen Materialismus zu schreiben. Mein Plan verfolgte die Absicht, eine Systematik des „Dialektischen und Historischen Materialismus" zu entwickeln.

Im Einzelnen:

a) Entwicklung der Theorie.
b) Dia- und Histomat im Verständnis der Klassiker.
c) Grundlagen des Dia- und Histomat in meinem eigenen Verständnis darstellen.
d) Kritik am Dia- und Histomat nur dort führen, wo es notwendig ist. Die Kritik sollte zurückhaltend, vorsichtig und sparsam sein.

Eine grundsätzliche Auseinandersetzung mit den Schulen des Dialektischen und Historischen Materialismus sollte zu einem späteren Zeitpunkt erfolgen. Das würde der zweite Schritt sein. Der erste sollte festhalten, was der Dialektische und Historische Materialismus eigentlich ist und was er zu leisten vermag.

Die Überlegenheit des Historischen Materialismus bei seiner Konfrontation mit den bürgerlichen Erkenntnistheorien erweckte in mir ein Bedürfnis danach, drei aufeinanderfolgende Handlungen vorzunehmen.

Im ersten Schritt wollte ich eine Grundlagenarbeit über dialektischen und historischen Materialismus schreiben.

Zweiter Schritt: Grundsätzliche Auseinandersetzung mit den Klassikern und Kritik am Dialektischen und historischen Materialismus.

In einem dritten Schritt sollte festgestellt werden, ob es Bedarf oder gar die Notwendigkeit gibt, einen neuen Weg zur Theoriebildung, das heißt, eine eigene neue Theorie aufzustellen.

Aus den beiden ersten Schritten wurde:

Karam Khella, Dialektischer und historischer Materialismus.
Bei der Fertigung des Werkes „Dialektischer und historischer Materialismus“ dachte ich, mit der (vorläufigen) Rezeption des „Dialektischen und Historischen Materialismus“ wieder an der Endstation meiner langen Reise durch die theoretischen Schulen angelangt zu sein. Bald mußte ich jedoch feststellen, daß ich theoretisch doch weiter tätig werden muß. Der Dialektische und der historische Materialismus als Theorie und Methode sind nur bis zu einem gewissen Grad leistungsfähig.

Publikationen 1979
Karam Khella, Dialektischer und historischer Materialismus, Hamburg 1979, 226 S., ISBN 3-921866-10-3

Literatur über Karam Khella (Eine Auswahl)
Heiner Karuscheit, Bemerkungen zu Karam Khella: Dialektischer und historischer Materialismus, in: Ansätze zur Diskussion, 2/1979 und 3/1979.
H. Marburger, Entwicklung und Konzepte der Sozialpädagogik, München 1979.
Ausblick – Sondernummer, Karam Khella, Theorie und Praxis der SA/SP, München (1., 2. und 3. Auflage) 1978, (4. Aufl.) 1979.
Autorenkollektiv, Was hat uns Karam Khella gebracht? in: Gegendruck, München 1979.

Fieber

1980
Das Fieber ist ein Phänomen, das ich nahezu bei jedem Buch verspüre. Es kann vor Beginn oder mittendrin auftreten. Es kann auf bestimmte Kapitel, Abschnitte oder Aussagen bezogen sein. Das „Fieber“ kann auch mit der Aufforderung auftreten, einen alten Plan durch ein alternatives Konzept zu ersetzen. Das Fieber kann so heftig sein, daß es den Autor so fesselt, daß er nichts anderes tun kann als dieses Buch zu schreiben und bis zur Vollendung nicht davon zu lassen.

Dieses Fieber ist nicht mit einem Thermometer zu messen. Es brennt im Innern wie ein loderndes Feuer, gleichwohl ist die Körpertemperatur völlig normal.

Ähnlich empfinde ich, wenn ich eine andere Aufgabe tun soll, aber nicht zu tun vorhatte: Ein Gespräch mit jemandem führen, eine bestimmte erkrankte Person besuchen oder auch sonst einen Auftrag leisten.

Von mir kann ich sagen, daß ich kaum ein Buchprojekt ohne das vorausgegangene und begleitende fieberhafte Phänomen geschrieben habe. Es begleitet mich von der Initialzündung bis zum Abschluß. Das Fieber kann so heftig sein, daß ich mitten in der Nacht aufstehe und schreibe. Die Gedanken brennen im Kopf wie ein Vulkan unmittelbar vor dem Ausbruch. Ich habe gelernt, daß ich stets Schreibpapier in greifbarer Nähe haben muß, um die Gedanken gleich zu Papier zu bringen. Somit reagiere ich nicht unvorbereitet, wenn ein Gedankenvulkan ausbricht. Wenn ich die Inspiration nicht sofort aufschreibe, läßt sie mich nicht in Ruhe.

Zum „Autoren-Fieber" gibt es weitere Motivationsfaktoren, die sich von einem Buchprojekt zum anderen unterscheiden. Hierbei handelt es sich aber um ruhige Überlegungen. Sie wirken sich ordnend aus. Wirksam sind sie bei der Konzipierung, Planung und Ausformulierung. Sie setzen den Auftrag um. Sie sind dem Fieber komplementär und nicht mit ihm identisch.
Das Fieber erfaßt die Seele, während die anderen Faktoren rational arbeiten. Beide Formen der Energie ergänzen sich gegenseitig. Beide Energieformen sind untrennbar, aber auch unterscheidbar. Die rationale Motivation ist ruhig, nachdenklich.

Von der rationalen Motivation hebt sich das fieberhafte Begleitphänomen durch Heftigkeit und Brennkraft deutlich ab.

Das „Autoren-Fieber" habe ich bisher in keinem Buch beschrieben, obwohl es fast bei jedem meiner Bücher der eigentliche Antrieb war. Das aufregendste an einem Buch steht eben nicht im Buch.

Publikationen 1980
Karam Khella, Wörterbuch der Sozialarbeit, Sozialpädagogik und Sonderpädagogik, Handbuch der Sozialarbeit und Sozialpädagogik, Bd. 3, Hamburg 1980, 332 S., ISBN 3-921866-20-0

Karam Khella, 2. Auflage von Theorie und Praxis der Sozialarbeit und Sozialpädagogik.

Betriebsunfall

1981
Meine Buchmanuskripte habe ich handschriftlich oder mit der Schreibmaschine geschrieben und abgeliefert. Das Manuskript wird im Druckerbetrieb gesetzt, von mir auf Satzfehler korrigiert und an die Druckerei zurückgeschickt. Bei hoher Fehlerquote müssen Nachkorrekturen folgen, bis der Satz druckreif ist. Das Buch wird gedruckt und gebunden.

Ein Buchmanuskript wird abgeschlossen und publiziert. Das nächste Buchmanuskript folgt. Voller Konzentration schrieb ich von Hand. Die Konzentration entwickelt sich selbsttätig. Man vergißt alles um sich herum. Nichts hätte mich ablenken können. Selbst Hunger und Durst werden nicht registriert. Man vergißt zu essen und zu trinken. Nur eine einzige Handlung findet statt: Der Gedankengang wird im Kopf satzförmig materialisiert und zu Papier gebracht. Alle anderen Belange, Bedürfnisse und Handlungen sind ausgeschaltet. Die Ohren sind offen, ohne daß eine akustische Wahrnehmung stattfindet. Die Augen sind offen, sehen aber nur Worte und Sätze, die nacheinander zu Papier gebracht werden. Ich bin eins mit dem Gedanken. Bei diesem Zustand der absoluten Konzentration ist alles andere ausgeschaltet.

An ein Ereignis, das außer mir niemand registriert hat, erinnere ich mich sehr gut. Gegen Mitte des Jahres arbeitete ich an einem Buchmanuskript, das zu einem bevorstehenden Stichdatum abgegeben werden mußte.
Plötzlich merkte ich, daß ich überhaupt nicht mehr atme. Das ist wörtlich zu nehmen. Ich habe das Atmen vergessen. Wie lange ich ohne zu atmen gearbeitet habe, konnte ich nicht wissen und werde es auch nie mehr feststellen können. Wie lange ich anaerob gelebt und gearbeitet habe, weiß ich nicht und werde es nie wissen. Ein anaerobes Leben war jedenfalls für eine gewisse Zeit möglich. Immerhin war ich in der Lage, wieder ruhig ein- und auszuatmen, bis sich die natürliche Atmung geregelt hat.
Natürlich weiß ich, wie gefährlich das sein kann. Unmittelbar zog ich die Konsequenz, Lebensdisziplin gegen die Macht der Askese aufrechtzuerhalten. Gleichwohl ziehen Forschung und Schreiben oft ihre Begleiterscheinungen mit sich.

Publikationen 1981
Karam Khella, Einführung in die Psychologie, Hamburg (1. Aufl.) 1981, 226 S. ISBN 3-921866-35-9
Karam Khella, Theorie und Praxis der Revolution, Hamburg 1981. ISBN: 978-3-921 866-40-5
Karam Khella. (Mit-Hrsg.) Die Kopten, Band 1, Hamburg 1981.
Karam Khella (Mit-Hrsg.) Die Kopten, Band 2, Hamburg 1981, 451 S.
Karam Khella, Dioskoros I. von Alexandrien (444-454) – Theologie und Kirchenpolitik, Teil 1, Vita Dioscuri et Historia ecclesiastica, in: Die Kopten, Bd. 2, 1981, 274 S.

1971-1982
Lehrtätigkeit am „Sozialpädagogischen Zusatzstudium (SPZ)“, Universität Hamburg.

Reform – Gegenreform – Uniform

1982
Ironischerweise werden Gegenreformmaßnahmen als „Reformen“ bezeichnet.
Die staatliche Gegenreform im Bildungsbereich der BRD erfaßte auch das Reformmodell „SPZ“.

Zum 30. September 1982 wird das SPZ wegen seines demokratischen und fortschrittlichen Lehrbetriebs infolge staatlicher Intervention geschlossen. Auch der Akademische Senat beschließt die Stillegung des SPZ. Die Maßnahme wird als „Moratorium“ bezeichnet. Der Beschluß wird nicht widerstandslos hingenommen. Die Schließung wird trotzdem durchgesetzt.

Das „Moratorium“ des Akademischen und des Politischen Senats zur Schließung des SPZ war von langer Hand angeordnet. Es war ein harter Schlag der Gegenreform gegen die bewährte Einrichtung. Die repressive Maßnahme konnte trotz des breiten Widerstands durchgesetzt werden.

Meine Lehrtätigkeit an der Universität Hamburg bleibt aber erhalten und wird ohne den institutionellen Rahmen des SPZ fortgesetzt. Meine Lehrautonomie wird nicht angetastet.

Zwei Schwerpunkte hatte ich am SPZ:
a) Grundlagenfächer der Sozialarbeit und Sozialpädagogik,
b) Lage der arbeitenden Bevölkerung.

Für die Zeit ab 1982 beabsichtige ich, meine Schwerpunkte, Stoffgebiete und Themenbereiche zu erweitern.

Publikationen 1982
Karam Khella, Einführung in die Sozialarbeit und Sozialpädagogik, Handbuch der Sozialarbeit und Sozialpädagogik, Band 1, Teil 1, Hamburg (2. Aufl.) 1982, 555 S. ISBN 3-921866-05-7
Karam Khella, Sozialarbeit von unten, Handbuch der Sozialarbeit und Sozialpädagogik, Band 1, Teil 3, Hamburg (1. Aufl.) 1982. ISBN 3-921866-45-6
Karam Khella, Der israelisch-arabische Konflikt, Hamburg (3. Aufl.) 1982, 196 S. ISBN 3-921866-02-2
Karam Khella, Praktische Aufgaben der Solidaritätsbewegung, in: Krieg im Libanon – Frieden in Europa?, Hamburg 1982.

Abu-Ahmad
Ich stand an der Ampel und wartete auf das Fußgänger-Grün. Zufällig kam Abu-Ahmad vorbei. Er grüßte mich und war offensichtlich in Eile. Er guckte links und rechts. Da keine Autos zu sehen waren, nahm er seinen Sohn Ahmad an die Hand und ging mit ihm über die Straße bei Fußgänger-Rot. Die links und rechts von mir wartenden Menschen schimpften laut: „Bist wahnsinnig, gehst mit einem Kind über die Straße bei Rot!" Abu-Ahmad war schon auf der gegenüberliegenden Straßenseite angekommen und war dabei, seinem neunjährigen Sohn Ahmad zu erklären, unter welchen Bedingungen man über die Straße geht und wie Ahmad sich verhalten soll, wenn er allein und noch ein Kind ist. Abu-Ahmad blickte auf die schreiende Menge auf der anderen Seite und schrie seinerseits zurück: „Dieses Kind muß lernen, daß alle Gesetze dieser Welt gegen ihn gerichtet sind".
Abu-Ahmad ist Palästinenser.

8. Gespaltene Welt
In der gespaltenen Welt ist auch die Wissenschaft gespalten

1. Februar 1982-31. Januar 1983: Lehrtätigkeit an der Fachhochschule Fulda.

Unterrichtsfächer:

a) Theorie der Sozialen Arbeit,
b) Grundlagen der Sozialarbeit und Sozialpädagogik,
c) Sozialarbeit im Betrieb,
d) Sozialarbeit von unten.

1983

In diesem Jahr 1983 ist es mir gelungen, die mehrbändige Abhandlung des Handbuches der Sozialarbeit und Sozialpädagogik zu vervollständigen und zu vollenden. Auch die Satzarbeiten durch Herrn Wolfgang Düser waren sehr zufriedenstellend. Herr Düser studierte für mehrere Semester am SPZ, nahm an meinen Seminaren teil und war dazu noch ein aufrechter und konsequenter Studentenvertreter. Aus freien Stücken bot er mir an, den noch fehlenden Teil des SASP-Handbuches zu setzen. Dafür war ich sehr dankbar, da er sich in der Materie und den Gedankengängen auskannte.
Die Drucklegung ist von guter Qualität. Alle Termine der Fertigstellung der Publikation wurden eingehalten. Auf dieses Werk bin ich besonders stolz. Bibliographisch heißt es:

Karam Khella
Handbuch der Sozialarbeit und Sozialpädagogik
In 5 Bänden
Hamburg 1974-1983

Aus Rezensionen und Laudationes

(siehe dazu unter "Publikationen über Karam Khella")
Das Werk von Karam Khella markiert die Literaturgeschichtliche Wende, den *Übergang der Sozialarbeit und Sozialpädagogik von einer caritativen Betrachtung zur Wissenschaft.*
Die Rezeption des Werkes in der Fachöffentlichkeit, aber auch bei weiteren Interessierten ist sehr ermutigend.

Die Rezensionen stellen unter anderem die Verdienste Karam Khellas auf dem Gebiet der Sozialarbeit und Sozialpädagogik als Wissenschaft heraus:
Verschiedene akademische Abhandlungen sowie Beiträge in fachlichen Medien betonen die Wende auf dem Gebiet der Sozialarbeit und Sozialpädagogik von ihrem vorwissenschaftlichen Stadium zur Wissenschaft.
Khella ist es zu verdanken, Kategorien einzuführen, die geeignet sind, die unterschiedlichen Erscheinungsformen auf ihre realen objektiven sowie subjektiven Ursachen zurückzuführen. Seine Analyse vermochte es, die Dialektik zwischen den beiden Ebenen, der objektiven und der subjektiven, herauszuarbeiten. Die bis dahin vorherrschende Sicht, welche die Betroffenen beschuldigt, ihr Schicksal selber verursacht zu haben, wurde durch Khella widerlegt.

Es ist eine Tatsache, daß der Fortschritt im Fach Sozialpädagogik dem Stand entspricht, den Karam Khella mit seinen Arbeiten in Wort und Schrift erreicht. Vor Khella wurde eine Frage wie die Obdachlosigkeit ohne den gesellschaftlichen Zusammenhang und die politische Ökonomie von Grund, Boden und Wohnraum einzubeziehen betrachtet, darum individualisiert und psychologisiert. Khella leitet eine neue Ära im sozialen Bereich ein. Die Betroffenen werden rehabilitiert. Sie sind nicht schuld, sondern sie sind Opfer.

Es ist an der Zeit, vom „Selbstverschuldungstheorem" Abschied zu nehmen. Dafür liefert Khella eine theoretisch und empirisch fundierte Analyse, welche die herkömmlichen Betrachtungen ablöst. Khella selbst spricht von der Notwendigkeit der „Historisierung der sozialen Frage". Seine Analysen liefern zu den einzelnen Problemen jeweils eine spezifisch kausale Ableitung und Begründung. Über die Ursachen eines jeden Phänomens sozialer Verelendungsprozesse braucht man nicht mehr zu spekulieren.

Das theoretische und methodische Vorgehen Khellas läßt sich nicht im Rahmen eines einzigen Buches zusammenfassen. Er setzt grundsätzlich an und führt ein neues, notwendig gewordenes Begriffsinstrumentarium ein. Damit hebt sich seine Lehre nach Inhalt und Form deutlich von den bis dahin etablierten Auffassungen ab.

Die Bedeutung dieser Leistung kann kaum hinreichend betont werden. Theoriebildung, Systematik und die Einführung fachlicher Kategorien, unter anderem der politischen Ökonomie, sind bleibende Verdienste Karam Khellas. Sein Werk führt dazu, daß anstelle der bloß phänomenologischen Betrachtung die verifizierbare Kausalität festgestellt wird.

Zu den Verdiensten Khellas auf dem Gebiet der Ausdrucksweise zählen die Präzisierung und Optimierung der fachlichen Begrifflichkeit.

Einige Beispiele seien genannt:
Khella hielt es für notwendig, daß ein neuer sozialpädagogischer und sozialarbeiterischer Diskurs geschaffen wird. Darum kreierte er ein neues Begriffsinstrumentarium. Von ihm stammt z.B. der Ausdruck „Deklassierung."
Der Begriff „*Deklassierung*" wurde von Khella in die Sozialarbeit eingeführt und definiert. (Theorie und Praxis der Sozialarbeit und Sozialpädagogik, Band I, S. 89-S. 102)
Deklassierung bezeichnet den Prozeß des Herausfallens aus den beruflichen und sozialen Zusammenhängen. Ihre Ursachen und Folgen analysierte Khella sorgfältig und führt jeweils Begriffe ein, die sich zur Beschreibung der einzelnen Schritte eignen.

Khella schuf nicht nur eine sprachliche Wende auf den Fachgebieten Sozialarbeit und Sozialpädagogik, sondern überhaupt die Voraussetzungen für den Übergang der Sozialarbeit von einer rein caritativen Betrachtung zu einer systematischen Wissenschaft, welche auf der Analyse gesellschaftlicher, politischer und ökonomischer Verhältnisse beruht. Dabei hat Khella nie die Praxisorientierung aus den Augen verloren.
Sein Ansatz hat sich rasch in der Fach-Ausbildung und in der Praxis durchgesetzt.

Die positive Rezeption und Laudationes sind die eine Seite. Die andere sind die staatliche Repression und die Reaktionen der extrem rechtskonservativen Manager der sozialen Frage. Gestärkt werden diese durch etablierte Legenden vom Rechts- und Sozialstaat. Hinzu kommen die apolitische Einstellung bei Teilen der Bevölkerung und die vorherrschende Wohlstandsillusion. Wenn bei diesem

Glauben ein Hochschullehrer Thesen von Deklassierung, Verelendung und Armut vertritt, da hört die Toleranz auf.

Die Gegenreaktion kam vor allem vom Deutschen Städtetag, der höchsten Instanz, die für die soziale Frage auf kommunaler Ebene zuständig ist. Der Deutsche Städtetag intervenierte intensiv, und leider auch nicht unwirksam, um die Verankerung der Lehre Khellas an den Fachhochschulen und Studiengängen zu erschweren. Bewirkt hat die obrigkeitliche Intervention eine Spaltung der Hochschullehrerschaft.
Viele Kolleginnen, Kollegen und Studierende haben sich den Weisungen von oben widersetzt. Sie haben sich für die fortschrittliche, demokratische Perspektive in Sozialarbeit und Sozialpädagogik entschieden.
Im zweiten Band seines Handbuches der Sozialarbeit und Sozialpädagogik geht Khella konkret darauf ein.
Hochschullehrer folgen mehrheitlich wohl der Theorie und den Analysen Khellas. Gegner sind eher minoritär und ohne Basis, aber auch nicht ganz ohne Einfluß.
Ein wenig Nachdenken und genauere, kritische Betrachtung reichen als Beweis für die Richtigkeit seiner Analyse aus.

Verfolgt

1983
Ich hänge am dünnsten aller seidenen Fäden.
Ich kann aber nicht gestürzt werden, denn ich stehe auf solidem Boden.
Als wäre meine bloße Existenz illegal! Aber sie – Staat, Behörden – können mir nichts vorwerfen, was nicht gegen sie und für mich spricht.

Oft sehne ich mich nach Schonung. Dies wird mir jedoch in diesem System nicht gegönnt. Das ist gut so. Es sorgt dafür, daß ich mir den Luxus nicht leisten kann, indifferent zu sein und mich politisch zur Ruhe zu setzen.

Die Widersprüche zwischen mir und diesem System sind unvereinbar und unüberbrückbar. Ich habe mich an die tägliche Repression gewöhnt. Man muß wählen: Anpassung oder Unterdrückung, Konformismus oder Verfolgung. Entwöhnung und Härte mit mir selber sind zum Charaktermerkmal meiner Person geworden. Ich sehne mich sogar nach der „Krone des Martyriums“.

Das war die Schattenseite. Dafür gibt es aber auch die hell erleuchtete Seite: Solidarität, Beistand und Sympathien.

Freitag, 19. August 1983
Arbeitsgericht Hamburg
Am Prozeßtermin vor dem Arbeitsgericht Hamburg verkündet der vorsitzende Richter Schwarzenbach, daß ich in einem unkündbaren Arbeitsverhältnis mit dem Bundesstaat Freie und Hansestadt Hamburg – Universität Hamburg stehe und daß meine berufliche Anstellung dort auf Lebenszeit besteht.

Der Staat versuchte, das Urteil durch einen Ausweisungsversuch zu umgehen. Der staatliche Plan scheiterte am entschlossenen Widerstand gegen diesen Versuch und an der breiten Solidarität mit mir. Der Innensenator von Hamburg, Pavelcyk, mußte zurücktreten. Karam Khella blieb.
Auch meine Lehre bleibt bestehen und institutionell verankert.

Wissenschaft ist nicht voraussetzungslos. In der gespaltenen Gesellschaft ist auch die Wissenschaft gespalten. Nicht ein, sondern zwei Wege gibt es, die unüberbrückbar und unversöhnlich getrennt sind.
Die eine Lehre dient dem multinationalen Monopolkapitalismus, die andere bekämpft ihn.
Die eine Wissenschaft arrangiert sich mit den Widersprüchen der Gesellschaft, in der die Interessen des Systems und die Bedürfnisse des Menschen einander ausschließen.
Ich strebe eine Gesellschaft an, in der die Interessen des Systems und die Bedürfnisse der Menschen miteinander übereinstimmen.

Publikationen 1983
Vollendung und Veröffentlichung des Werkes:
Karam Khella, Handbuch der Sozialarbeit und Sozialpädagogik, 5 Bände, Hamburg (1.+2. Aufl.) 1973-1983. ISBN 978-3-921866-52-9
Karam Khella, Dioskoros I. von Alexandrien (444-454) – Theologie und Kirchenpolitik, Teil 2, Theologie und Christologie, in: Die Kopten, Bd. 3, 1983, 100 S.

Karam Khella, Rückfall in den vorökumenischen Geist, in: Die Kopten, Bd. 3, 1983.
Karam Khella, Die Ausländerfrage in der Bundesrepublik, in: Dokumentation – Ausländer und Deutsche gleiche Rechte, Hamburg.

Literatur über Karam Khella
Autorenkollektiv, Karam Khella – Dokumentation, Hamburg 1983.

Solidarität hilft siegen!

1984
Der erneute Versuch des Hamburger Senats (Landesregierung von Hamburg), gegen mich ein Berufsverbot über Schleichwege unter Instrumentalisierung des Ausländergesetzes zu verhängen, hat breite Gegenreaktionen ausgelöst. Die demokratische Öffentlichkeit erhob sich mit Protest und der Forderung zur sofortigen Rücknahme des Ausweisungsbeschlusses. Aus allen Kontinenten meldeten sich verschiedene Organisationen und Einzelpersonen und brachten ihre Empörung über die unverständliche Maßnahme der Hamburger Behörde zum Ausdruck. In Hamburg selbst erfuhr ich allseitige Unterstützung. Offensiv wurde der Beschluß kritisiert und bekämpft. Unterstützung erfuhr ich vom Lehrkörper der Universität Hamburg, von den Studentenschaften, vom Deutschen Gewerkschaftsbund DGB, von der Gewerkschaft Erziehung und Wissenschaft GEW, von Hochschulen in- und außerhalb Hamburgs, von Kirchen und anderen Organisationen. Der Beschluß der Behörde mußte schließlich zurückgenommen werden.

Besonders in Hamburg fanden viele festlich gestaltete Veranstaltungen statt, wo der Solidaritätserfolg auf verschiedene Art und Weise gefeiert wird.
An dieser Stelle möchte ich meinen aufrichtigen Dank an alle Unterstützer und die die Solidarität tragenden Kräfte zum Ausdruck bringen. Ihnen allen verdanke ich zusammen mit allen Studierenden die Möglichkeit, meine Lehrtätigkeit fortsetzen zu können.

Lebensplanung Theorie und Praxis Wissenschaftskritik

1983/1984
Die Vollendung des Handbuches für Sozialarbeit und Sozialpädagogik, das mich eine ganze Dekade in Anspruch genommen hat, macht mir den Rücken frei, wieder intensiv und hauptseitig Praxis zu tun.

Ich meldete mich beim „Allgemeinen Krankenhaus Altona“ (Hamburg) (später in: „Asklepius-Klinik“ umbenannt) für die ärztliche Tätigkeit als Medizinalassistent (MA) und wurde angenommen. Ich habe meine Arbeit in der chirurgischen Ambulanz und der Unfallchirurgie aufgenommen.

An anderen Stellen meiner Biographie habe ich dargelegt, welche Einzelaspekte mein Qualifikationsprogramm langfristig haben soll. Erwähnt wurde bereits, daß ich niemanden in meine Pläne eingeweiht habe, da sie möglicherweise nicht ernst genommen worden wären. Auch ich selber hatte am Anfang meiner Studienzeit keine klare Vorstellung davon gehabt, wie meine Ziele im Einzelnen konkret aussehen und wie ich sie realisieren könnte.

Jetzt fühle ich mich schon in der Lage, den Plan und die Absichten darzulegen. Als Lebensplanung strebe ich den Erwerb universeller Qualifikation an. Mir schwebte eine interdisziplinäre Kompetenz vor. Nun konnten diese Ziele planmäßig und vollständig durchgeführt werden. Meine Absicht, eine interdisziplinäre Qualifikation zu erlangen, erwies sich als sinnvoll, realistisch und sie hat sich auch realisiert. Während der siebziger Jahre nahm ich an der Universität Hamburg – neben meiner Lehrtätigkeit – das Studium der Medizin auf und habe es abgeschlossen, während ich meinen Beruf als Hochschullehrer ausübte. Nun mußte ich mich für eine gewisse Zeit vom Lehrberuf beurlauben lassen, um die ärztliche Tätigkeit nach den Vorschriften der „Bestallungsordnung für Ärzte“ auf einer vollen Stelle auszuüben.

9. Februar 1983-8. Februar 1984: Tätigkeit als Arzt (Medizinalassistent) am Allgemeinen Krankenhaus Altona, sukzessive in den Abteilungen Chirurgie, Innere Medizin, Anästhesie und Gynäkologie.

Februar 1984: Erfüllung aller Voraussetzungen zur Ausübung des ärztlichen Berufs, selbständig und in Eigenverantwortung.

Unmittelbar im Anschluß an meine ärztliche Tätigkeit am Allgemeinen Krankenhaus Hamburg-Altona nahm ich meine Lehrtätigkeit an der Universität Hamburg wieder auf.

9. Februar 1984-31. Oktober 1999: Fortsetzung meiner Lehrtätigkeit an der Universität Hamburg.

Der Sinn dieser multidisziplinären Qualifikation ist vielschichtig und läßt sich nicht in wenigen Worten zusammenfassen.
Es ist jedenfalls klar, daß jede Fachqualifikation für sich allein sinnvoll ist. Es ist auch klar, daß ich in jeder Fachrichtung nicht nur Theorie erwerbe, sondern auch Praxis ausübe.

Der Sinn dieses langen Lern- und Qualifikationsprogramms und der weiteren Lebensplanung besteht weiterhin darin, eine anerkannte Qualifikation sowohl in den theoretischen, geistes- und gesellschaftswissenschaftlichen Bereichen als auch in den Naturwissenschaften unter besonderer Berücksichtigung der Medizin zu erlangen.

Bei alldem steht mein Kernanliegen, die Wissenschaft in ihrem Gesamtzusammenhang zu erfassen. Daraus strebte ich an, eine Revision der Wissenschaftstheorie vorzunehmen und die eigene Theoriebildung zu entwickeln. Somit schaffe ich mir die optimalen Voraussetzungen zur Konstituierung einer neuen Erkenntnis- und Wissenschaftstheorie.

Theoriebildung
Ich bin bestrebt, über den Schwerpunkt „Kritik der Wissenschaften" hinaus eigene wissenschaftstheoretische Ansätze zu entwickeln. Dazu ist der Erwerb einer umfassenden Qualifikation notwendig.
Somit kann ich befugt den Anspruch erheben, im Besitz der dazu erforderlichen Kompetenz zu sein. Darüber hinaus weise ich mich durch entsprechende Publikationen aus als:
Wissenschaftstheoretiker,
Allgemeindidaktiker,
Erkenntnistheoretiker.

Systematisch befaßte ich mich mit den grundsätzlichen Fragen der Theoriebildung, Wissenschaftsphilosophie und Wissenschaftskritik. Diese Bereiche zählen zu den wichtigsten Projekten meines Lebens als Wissenschaftler. Diese Projekte werden schrittweise realisiert.

1984
Die Universität Hamburg und die Fachhochschule Hamburg vereinbaren, daß ich eine Professur erhalte und am Fachbereich Sozialpädagogik der Fachhochschule unterrichte. Ein Protokoll beider Studieneinrichtungen wurde verabschiedet und unterzeichnet.

9. Februar 1984-31. Oktober 1999: Universität Hamburg, Vorlesungen und Seminare für Studierende aller Fachbereiche.
Nachdem ich nun Vollzeitpraxis ausübte, wollte ich mich erneut der Theoriearbeit, der Forschung und Lehre widmen. Die Wissenschaft ist entweder praxisbezogen oder sie ist keine.

Unmittelbar nach Erlangung der Berechtigung zur selbständigen Ausübung des ärztlichen Berufs im Frühjahr 1984 kehrte ich auf Grund einer vorausgegangenen Vereinbarung („Beurlaubung") zur Universität Hamburg zurück. Meine Doktoranden kamen auch aus anderen Universitäten, wo ich Lehraufträge und Prüfungsrecht habe.

Was für mich gilt, sollte auch von den akademischen Kandidaten eingehalten werden. Sie sollten bei ihren Forschungsprojekten die erkenntnistheoretischen und epistemologischen Ansätze ihrer Arbeiten ableiten und darstellen. Sie sollten also nicht nur angewandte, sondern auch theoretische Wissenschaft leisten.
In den achtziger und neunziger Jahren des zwanzigsten Jahrhunderts bot ich *Lehre und Forschung* auf den Gebieten „Wissenschaftstheorie" und „Wissenschaftskritik" an.

Publikationen 1984
Karam Khella, Ausländer in der Bundesrepublik (Deutschland), Hamburg (3. Auflage) 1984, 196 S. ISBN 978-3-921866-02-2
Karam Khella, Ausländergesetz der BRD contra Allgemeine Erklärung der Menschenrechte, Hamburg 1984, 66 S. ISBN 978-3-921866-08-1.

Literatur über Karam Khella (Eine Auswahl):
Autorenkollektiv, Karam Khella – Dokumentation, Hamburg 1984.

Arbeiterorientierte Wissenschaft (2)
Lehrbetrieb

1985
Lehre – Forschung – Ausbildung

Arbeiterorientierte Wissenschaft heißt Forschung, Lehre und Bildung im Interesse der arbeitenden Bevölkerung.
Voraussetzung dazu ist die Untersuchung der Lebens- und Arbeitsbedingungen der Werktätigen. Diese Voraussetzungen als fachliche Infrastruktur für die Lehre zu schaffen, ist im selben Zug auch Ziel der Seminararbeit.

Lehre und Forschung sind untrennbar. Der Forschungszweig „Lage der arbeitenden Bevölkerung" befand sich bis dahin in extremem Rückstand. Grundlagen Kenntnisse müssen erst ermittelt werden. Daraus sind Forderungen an Staat und Kapital zu stellen und praktische Konsequenzen durchzusetzen.
Neben dem regulären Seminarbetrieb, der empirischen und Handlungsforschung führten wir eine Reihe von Aktivitäten durch: Betriebsbesichtigungen, Gespräche mit Belegschaften und Betriebsräten sowie mit Jugendvertretern gehörten ebenso zum Arbeitsplan wie Exkursionen durch Industriegebiete und Arbeiterstadtteile.

Lage der Arbeiter und Arbeiterinnen

Am „Sozialpädagogischen Zusatzstudium" hatte ich das Dauerseminar „Lage der Arbeiter und Arbeiterinnen" eingerichtet, das bis zur Schließung des SPZ (1982) bestanden hat. Es war die einzige akademische Einrichtung, die systematisch die Lebensverhältnisse und berufliche Situation der arbeitenden Bevölkerung untersuchte. Vermittels des Seminars wurden Forschung, Lehre und Ausbildung geleistet.
Diesem Vorbild folgte die Universität Bielefeld und richtete für eine gewisse Zeit ein ähnliches Projekt ein. Bielefeld deckte einen eigenen Schwerpunkt im Bereich Arbeiterorientierte Wissenschaft ab.

Mit der Seminarsequenz „Zur Lage der Arbeiter" am SPZ an der Universität Hamburg wurde eine neue Fachrichtung eingerichtet. Zum ersten Mal wird ein akademisches Programm geschaffen, das sich systematisch der Belange der arbeitenden Bevölkerung widmet. Die Lebens- und Arbeitssituation der arbeitenden Menschen wurde programmäßig und nach Plan untersucht. Praxisorientierte Vorschläge wurden entwickelt.

Die Initiative, die arbeitende Bevölkerung als Gegenstand des Curriculums, der Forschung und von Einzeluntersuchungen zu erheben, gilt als eine grundlegende Innovation im akademischen Bereich. Das Seminar, also die Studierenden, wirkten mit Arbeiterinnen und Arbeitern nach den Prinzipien der Handlungsforschung zusammen. Arbeiter werden nicht objektiviert, sondern beteiligten sich als Subjekt des Untersuchungsgegenstands: „Lebens- und Arbeitsbedingungen der werktätigen Bevölkerung“. Schwerpunkte sind unter anderem:

a) Schadstoffbelastung am Arbeitsplatz,
b) Ursachen von Betriebsunfällen und Möglichkeiten ihrer Reduzierung und Verhinderung,
c) Arbeitsschutz,
d) Berufskrankheiten,
e) Kritische Prüfung der Gesetzgebung zu Berufskrankheiten, des Versicherungsrechts und der Pflichten der Berufsgenossenschaften.

Das Seminar „Zur Lage der arbeitenden Bevölkerung“ ist ein nachahmenswerte Modell zur interdisziplinären Seminararbeit.

Publikationen 1985

Karam Khella, Die Lage der Arbeiter in der Bundesrepublik, Hamburg 1985. ISBN 3-921866-12-X

Karam Khella, Armut und untere Einkommensschichten in der Bundesrepublik, Hamburg 1985, 60 S. ISBN 3-921866-13-8

Karam Khella, Jederzeit, überall, mit allen Waffen – Imperialismus heute – Über die Ursachen von Armut und Reichtum in der Welt, Hamburg (2. Aufl.) 1987, 160 S. ISBN 3-921866-11-1.

Karam Khella, Wer hat Angst vor dem Wahlrecht für Ausländer? Hamburg 1985.

Arbeiterorientierte Wissenschaft (3)
Der Praxisbezug

1986
Praxisorientierung bezogen auf die studierenden Teilnehmer des Seminars „Lebens- und Arbeitssituation der werktätigen Bevölkerung“

Erkenntnisziel
Herausarbeitung einer demokratischen, fortschrittlichen Perspektive in der Berufspraxis von Hochschulabsolventen.
Entwicklung der proletarisch orientierten Wissenschaft.
Daraus wurden spezifische Aufgaben für die einzelnen Fachrichtungen abgeleitet: Pädagogik, Psychologie, Arbeitspsychologie, Medizin, Arbeitsmedizin, Arbeitsrecht, Sozialarbeit im Betrieb, u.a.m.

Es werden Vorschläge entwickelt
a) Industriearbeit und Gesundheitsverschleiß,
b) Zur gesundheitlich gerechten Gestaltung des Arbeitsplatzes, Kontrolle und Reduzierung der Schadstoffbelastung am Arbeitsplatz,
c) Untersuchungen zur Gewährung optimaler Sicherheit am Arbeitsplatz, Lärmschutz u.a.
d) Zur medizinischen und therapeutischen Versorgung der arbeitenden Bevölkerung im Betrieb und im Stadtteil,
e) Sozialarbeit im Betrieb und im Stadtteil.

Die aktuelle Politik in bezug auf die Belange der arbeitenden Bevölkerung wird beobachtet und der Kritik unterzogen.

Audiovisuelle Medien werden eingesetzt, Dokumentarfilme vorgeführt und besprochen.

Wir haben Betriebsräte, Jugendvertreter und Gewerkschafter eingeladen. Sie referierten und diskutierten mit Dozenten und Studierenden im universitären Rahmen.
Es war immer eine außerordentliche Bereicherung, mit Arbeitern und Arbeiterinnen aus dem Betrieb in den Räumen der Alma Mater

zu sprechen. Es waren menschlich und fachlich außergewöhnliche Erlebnisse, und rührende Begegnungen mit sensiblen, bleibenden Eindrücken. Ganz besonders ist der Aspekt der Authentizität der Berichte und der Resultate hervorzuheben.

Die Schließung des SPZ zum 30. September 1982 war ein harter Schlag gegen das Projekt „Lebens- und Arbeitssituation der werktätigen Bevölkerung." Mit dem vom Senat beschlossenen „Moratorium" entfiel die institutionelle Verankerung des Projekts. Danach setzte ich das Projekt auf Sparflamme fort.

1986
Forschungsaufenthalt in Libyen: Auf Einladung der Volksǧamāhīriyya hielt ich mich im August/September 1986 in Libyen auf. Der Aufenthalt in Libyen hinterließ bei mir einen tiefen, bleibenden Eindruck. Die Begegnung mit einem Volk im Aufbruch war von größter Faszination. Die libyschen Eindrücke finden in einigen meiner Publikationen zum Thema Libyen ihren Niederschlag.

Publikationen 1986
Karam Khella, Libyen, Hamburg (1. Aufl.) 1986. ISBN 3-921866-24-3
Karam Khella, Ägypten – Von 1952 bis zur Gegenwart, Hamburg 1986. ISBN 3-921866-33-2
Karam Khella, Wirtschaftskrise und Arbeitslosigkeit, Hamburg 1986, 140 S. ISBN 3-921866-16-2,
Karam Khella, Die soziale Frage in der Bundesrepublik Deutschland, Hamburg 1986, 312 S. ISBN 3-921866-17-0
Karam Khella, Die Wohnungsfrage, Hamburg 1986, 200 S. ISBN 3-921866-18-9.

Karam Khella, Beiträge für Al-Karamah
Al-Karamah ist ein theoretisches, antiimperialistisches, internationalistisches deutschsprachiges Organ, zu dessen Gründung, Redaktion und Gestaltung mehrere arabische, deutsche und internationale Antiimperialistinnen und Antiimperialisten beigetragen haben. Al-Karamah war eine der wenigen Stimmen, welche Analysen und Kommentare zum Imperialismus und zur weltweiten antiimperialistischen Kampf- und Solidaritätsfront geliefert haben. Erschienen sind die Ausgaben 1 bis 14 (1986 ff.). Im Anschluß daran wurde Al-Karamah eingestellt. Die gegenwärtig erscheinende „Risāla"

und die online erscheinende „Risāla-Aktuell“ verstehen sich in der Tradition von Al-Karamah.
Karam Khella, Brief an die Deutschen – Ausländer in der BRD (Brief an die Deutschen), in: Al-Karamah, 1/1986
Karam Khella, Chronik zur libyschen Geschichte, in: Al-Karamah, 2/1986
Karam Khella, Libyen – Soziale Revolution und imperialistische Aggression, in: Al-Karamah, 2/1986
Karam Khella, Kriegszustand in Westberlin? in: Al-Karamah, 2/1986
Karam Khella, Palästinensische Nationalcharta – Deutsche Übersetzung und Einleitung von Karam Khella, in: Al-Karamah, 2/1986
Karam Khella, Israel – Siedlerwesen und rassistischer Staat – Zur klassenanalytischen Einschätzung des zionistischen Staates, in: Al Karamah, 1/1986
Karam Khella, Über Imam, Nigm und ihre Lieder, in: Al-Karamah, 2/1986
Karam Khella, Zur Aktualität und Aktualisierung der Revolutionstheorie, in: Al-Karamah, 3/1986.

Unruhe
Die Theoriefrage brennt

Der Bedarf an einer alternativen Erkenntnistheorie wird immer dringlicher. Als rufe mich eine Stimme: „Karam, steh auf und fülle die Theorielücke aus“.
Mir ist nach und nach klarer geworden, daß der „Dialektische und Historische Materialismus“ versagt, wenn die Voraussetzungen einer tragfähigen, haltbaren Erkenntnistheorie fehlen.
Jede Theorie hat die Tendenz, sich selber zu bestätigen. Das heißt, durch ihre Anwendung bestätigt sie sich. Der Untersuchungsgegenstand bestätigt die Richtigkeit der Theorie, die angewandt wird. Wendet man aber eine andere Theorie auf denselben Gegenstand an, so bestätigen wiederum die Ergebnisse die Richtigkeit der jeweils anderen Theorie („Geschlossener hermeneutischer Zirkel“).
Die Anwendung der abstrakten Prinzipien bei der Erforschung eines Gegenstandes ist nicht bruchlos. Der Historische Materialismus mußte eine Reihe geschichtlicher Epochen konstruieren, um seine Richtigkeit zu belegen.

Es wurde mir klar, daß er eine Reihe von Konstrukten baut, die bei näherer kritischer Untersuchung nicht verifiziert werden können.

Im Verlauf der Vertiefung in den Dialektischen und historischen Materialismus ließen sich immer mehr Schwächen aufdecken.
Eine Alternative ist notwendig.
Eine neue Theorie muß sein!

Die Wehen der universalistischen Erkenntnis- und Geschichtstheorie setzen ein.

Lehrer
Beruf und Berufung

1987
Der Lehrerberuf ist einer der edelsten Berufe. Lehrer sein war und ist mein Lebensberuf. Während meiner Studienzeit träumte ich davon. Unmittelbar nach meinem ersten Studienabschluß ging der Traum in Erfüllung. Wie sehr bin ich dafür dankbar, daß ich den Lehrberuf gewählt habe und lebenslänglich Lehrer geblieben bin. Dazu wurde ich geradezu berufen.

Ich mußte keinem Beruf nachgehen, den ich mit meinem Gewissen nicht vereinbaren kann. Ich muß nichts sagen, wovon ich nicht überzeugt bin und was ich nicht erfahren habe. Repressionen als Preis dafür habe ich gern in Kauf genommen. Hinter meiner Lehre stehe ich und trete dafür konsequent ein.

Dieses Selbstzeugnis bewegt sich im Rahmen menschlicher Möglichkeiten. Fehlleistungen gestehe ich ein und sie sollen mir zugestanden werden. Die Ausreifung von Thesen und Theorien bis zur ausgeprägten Bildung einer Lehrmeinung ist ein Prozeß und keine spontane Vision.

Drei L's braucht ein Lehrer, um erfolgreich zu sein:
L_1 = *Lehrersein:* Die Lehrperson muß seinen Beruf als *Lehrer* bewußt wählen, lieben und sich damit identifizieren.
Der/die Lehrende muß die Handlung, das heißt das Lehren, gern ausüben.

L_2 = *Lerngruppe:* Die Lehrperson muß ein positiv emotionales Verhältnis zu den Adressaten haben, in meinem Fall sind es die Studierenden.

L_3 = *Lehrstoff:* Die Lehrperson muß sein(e) Fachgebiet(e) lieben und so attraktiv wie möglich gestalten, so daß die Lernenden gerne lernen.
Die Lehrperson muß das Stoffgebiet verstehen und verinnerlichen, um es verständnisorientiert vermitteln zu können. Bevor der/die Lehrende mit dem Unterricht beginnt, solle sie sich das Konzept der Stunde klar im Kopf vergegenwärtigen.

Während meiner frühsten und frühen Lehrpraxis habe ich gelernt, mich zu fragen, ob ich selber die Thematik begriffen habe, um sie verständlich machen zu können. Wenn ein Hörer mir sagt: „Ich habe nicht verstanden", habe ich sofort mich selbst gefragt, ob ich den Stoff wirklich verstanden habe. Oft lag es eben daran.
Je besser und vollkommener das Wissen des Lehrers über ein Stoffgebiet ausreift, umso optimaler ist seine Didaktisierung und umso plausibler ist die Vermittlung.

Wenn bei der Beratung ein Studienanfänger mich gefragt hat, ob ich ihm eine Ausbildung mit Hinblick auf das Lehramt empfehlen würde, habe ich ihn gefragt: „Können Sie sich vorstellen, einen anderen Beruf anzustreben?" Antwortet er nein, dann sagte ich ihm: „Dann fangen Sie mit der Ausbildung dazu sofort an!"

Publikationen 1987
Karam Khella, Jederzeit, überall, mit allen Waffen – Imperialismus heute – über die Ursachen von Armut und Reichtum in der Welt, Hamburg (1. Aufl.) 1984, (2. Aufl.) 1987. 160 S. ISBN 3-921866-11-1

Es brennt!

1988
Plötzlich klopft es heftig an meine Wohnungstür. Ich solle sofort raus aus der Wohnung. Keine Diskussion! Es ist kurz vor Mitternacht. Ich bin noch wach, nüchtern und arbeite am Schreibtisch intensiv an einem neuen Buchmanuskript. Dabei habe ich nicht gemerkt, daß die Feuerwehr sämtliche Bewohner aufgefordert hat, das

Haus sofort zu verlassen und auf die Straße zu gehen. Im Block Poßmoorweg 42a leben siebzig Wohnparteien. Als einziger blieb ich in meiner Wohnung und habe vom Debakel nichts registriert. Ein Schwelbrand im Keller griff um sich und hat brennbares Material erfaßt. Es war beinahe zu spät für eine Rettungsaktion. Widerwillig muß ich das Schreiben unterbrechen, den Gedankenfluß stoppen und den Weisungen der Feuerwehr folgen. Um vom dritten Stock zur Haustür zu gelangen, muß ich durch eine dichte Rauchwolke ziehen, ohne dabei einen Atemzug zu tun. Es war traumatisch, mir ist aber nichts passiert. Denke niemand, Schreiben sei ungefährlich.

Publikationen 1988
Karam Khella, Irrationale Geschichtsaufarbeitung, Hamburg 1988/89. ISBN 3-921866-34-0

Ich bin!

1989
Tagebucheintragung vom
20.-21. November 1989

Auf keinen Fall darf ich mich durch einen Anhauch von Korruption verführen lassen. Mein wahrer Reichtum ist mein Charakter und die Charakterstärke. Diese müssen um jeden Preis unversehrt bleiben. Karriere im imperialistischen System und von seinen Herrschern strebe ich nicht an. Weder Reize noch Versprechungen noch materielle Werte oder weltliche Würden sind mir soviel wert wie mein Selbst.
Es ist schon immer mein Prinzip. Ich bin kein Tauschwert. Ich bin nicht käuflich. Das ist ein Charaktermerkmal meiner selbst. Ich brauche es mir nicht neu einzuprägen.
Ich muß mich vor Anpassung und Homogenisierung hüten. Für diesen Staat muß ich untragbar bleiben. Für die Herrschenden muß ich unakzeptabel sein. Nicht ich, sondern das System muß geändert werden.
Repression und unmittelbare Verfolgung meiner Person habe ich eigentlich erst in der Bundesrepublik Deutschland erfahren müssen. Die Verfolgung – hier in der BRD – lehrte mich, primär auf meine

eigene Prinzipienfestigkeit und Integrität zu achten. Ich habe nichts zu verlieren.

Mein Ehrgeiz orientiert sich zunehmend an oppositionellen Tugenden und Idealen des Widerstands.

Je mehr der BRD-Staat und seine Behörden mich verfolgen, desto stärker ist die Solidarität, die ich im akademischen Bereich von der Studentenschaft und den Kollegen, aber auch in der breiten Öffentlichkeit erfahre. In der Tat werde ich von demokratischen Kräften getragen und in einer Weise gestützt, die ich in diesem Ausmaß weder erwartet habe noch mir vorstellen konnte. Es gibt auch Medien, die wohlwollend über meine Person berichten und mein Anliegen unterstützen. Verfolgung brachte mir Achtung, Respekt, Anerkennung und Ehre.
Der reichliche ideelle Lohn, den mir bekannte und unbekannte Menschen entgegenbrachten, verpflichtet mich. Ich habe mir geschworen, noch konsequenter und prinzipientreuer als bisher zu sein. Außerdem sehe ich mich verpflichtet, anderen Verfolgten Beistand zu leisten.

Die Verfolgung prägt meine Persönlichkeit. Sie ist kein Schicksalsschlag. Vielmehr ist sie eine Herausforderung. Ich lernte, in mir latente Kräfte zu mobilisieren, den Überlebenswillen in Integrität und Reinheit zu festigen, die Konfliktfähigkeit zu stärken und mich nicht demoralisieren zu lassen. Meine Positionen soll ich nicht verheimlichen, sondern öffentlich, demonstrativ und offensiv vertreten. Ich habe die Pflicht, die Menschen zu informieren, aufzuklären und sie zielklar zu orientieren.
Noch sicherer und offensiver vertrete ich meine Lehre.

Wissenschaft bildet den Mittelpunkt und den Hauptinhalt meines Lebens. Immer mehr wird allen klar, daß ich primär wegen meiner wissenschaftlichen Positionen und meiner Kritik an staatstragenden bürgerlichen Lehrinhalten verfolgt werde.

Meinen Weg in der Wissenschaft bin ich konsequent gegangen und damit akzeptiert worden. Ich bin bei Studierenden und aufgeschlossenen Kollegen angekommen.
Ich bin nicht in Nebenräumen gelandet. Im Gegenteil.

Die Bloßstellung der systemloyalen bürgerlichen Wissenschaft ist mir gelungen.
Was den Stand meiner wissenschaftlichen Leistungen betrifft, so bin ich weit vorn. Die bürgerliche Wissenschaft, die weit zurück ist, muß nachziehen.

Die Wissenschaft im Realsozialismus ist zwar viel weiter fortgeschritten als im Westen, gleichwohl bin ich inhaltlich viel weiter als die dialektisch und historisch materialistisch orientierte Wissenschaft gekommen. Auch diese soll nicht von meiner Kritik verschont bleiben.

Ich bin im Begriff, eine Erkenntnis- und Wissenschaftstheorie als Alternative zum Dialektischen und historischen Materialismus aufzustellen. Das embryonale Stadium meiner alternativen Erkenntnistheorie durfte als abgeschlossen angesehen werden. Sie ist noch nicht voll ausgereift, aber sie entwickelt sich weiter. Ironischerweise bereitet mir das Problem, einen Namen für den Embryo, das noch nicht geborene Kind, zu finden, mehr Kopfzerbrechen als die systematische und logische Ableitung der Theorie; denn diese ist schon ausgereift (Der Name: Universalistische Erkenntnis-, Wissenschafts-, Geschichts- und Kulturtheorie wird erst 1992 geprägt). Freilich steht der Name für ein Programm und nicht für eine einzelne Publikation.

Publikationen 1989
Karam Khella, Die koptische Liturgie, Hamburg 1989. 208 S. ISBN 3-921866-23-5
Universität Hamburg (Hrsg.), Karam Khella, Libyen – Geschichte und Gegenwart, Hamburg 1989.
Karam Khella, Die libysche Herausforderung – Libyen von den Anfängen bis zur Gegenwart, Hamburg (3. Aufl.) 1990/91. ISBN 3-921866-24-3.

1. April 1990-30. September 1993: Hochschule *Bremen*, Studiengang Angewandte Weltwirtschaftssprachen (AWS).
***Lehrgebiete**:* Geschichte der arabischen Völker, Wirtschaft und Gesellschaft der arabischen Länder, Entwicklungstheorien, Landeskunde und Linguistik.

9. Jahre der finsteren Wende

1990

Der Zusammenbruch des Realsozialismus ist rasch und für viele überraschend eingetreten. Er hatte eine auffällig kurze Agonie: 1989 begonnen, 1991 war es vorbei.
Ich war ein Kritiker des Realsozialismus, dennoch solidarisch und konstruktiv. Die Realsozialisten selbst erkannten mich als Freund und nicht als Gegner an.

Meine Grundeinstellung war, verhelfen wir ihm, das Ideal zu erreichen, das wir ihm und uns wünschen. Der Zusammenbruch des Realsozialismus ist eine Katastrophe. Kein aufrechter Mensch empfindet dafür auch nur leise Freude.

Einziger Trost ist: Der Sozialismus zerfiel nur auf dem Gebiet der UdSSR und in Europa, aber in keinem einzigen außereuropäischen sozialistischen Land.

Meine Kritik am Realsozialismus findet sich in „Khella, Dialektischer und historischer Materialismus“ (1979), meine Analyse zum „Aufstieg und Niedergang des Realsozialismus“ findet sich in der vierten Lieferung meiner Vorlesungssequenz über den „Krieg“ und befindet sich im Druck unter dem Titel „Imperialismus Heute“ (3. Auflage).

Publikationen 1990

Karam Khella, Golf, Jemen, Bahrain, Kuwait, Hamburg 1990. ISBN 3-921866-49-9

1. April 1991-31. März 1994: Universität Bremen, Fachbereich Politikwissenschaft.
Leitung des Seminars und Vorlesungen zu den Stoffgebieten: Europäisch-arabische Beziehungen, Europäisch-afrikanische Beziehungen, Konfliktforschung am Beispiel des Nahen und Mittleren Ostens.
Seminarsequenz über: Krieg und Frieden (gedruckt erschienen).

Zusammenbrüche

1991
Seit dem Herbst 1990 verstärkt die imperialistische Propaganda ihre Aggressionsabsichten gegen den Irak. Die Annahme, daß die USA / NATO tatsächlich angreifen werden, wird täglich erhärtet.
Die Menschen, auch im Westen, wollen keinen Krieg und bewegen sich gegen die Möglichkeit einer Aggression. Demonstrationen, Kundgebungen und öffentliche Veranstaltungen zum Thema „Kein Krieg gegen den Irak" häufen sich. Ich werde aufgefordert, zur Thematik zu sprechen und mit meiner Analyse zum Verstehen der Problematik beizutragen. Oft mußte ich an einem Tag an zwei oder drei verschiedenen Orten referieren.

Im Jahr 1991 zerfällt die Sowjetunion und bricht zusammen. Das Schlußlicht des osteuropäischen Realsozialismus erlischt.
Mit dem Niedergang des osteuropäischen Blocks endet das strategische Gleichgewicht. Die imperialistischen Staaten USA und NATO entfesseln ein Zerstörungs- und Vernichtungspotential ungeahnten Ausmaßes.

Erstes Opfer ist der Irak. Ein blühender, fortgeschrittener Staat wird binnen zwanzigjähriger US-NATO-Aggression (1991-2011) von den Invasoren in eine Ruinenlandschaft verwandelt.

Ich war gefordert. Ich mußte meine laufenden Arbeiten unterbrechen, um öffentlich zu informieren und aufzuklären. 1991 habe ich einige Hundert Veranstaltungen durchführen müssen. Das „müssen" bezieht sich auf das eigene politische Verantwortungsbewußtsein und die moralische Verpflichtung, gegenüber gravierenden Ereignissen eine Gegenöffentlichkeit aufzubauen. Gerade im Angesicht der imperialistischen Medien, die täglich manipulieren, wurde es notwendig, die Stimme zu erheben.

Meine berufliche Arbeit lief trotzdem weiter. Ich habe regulär an zwei Universitäten und einer Hochschule unterrichtet mit einem Lehrdeputat von insgesamt zwanzig Stunden wöchentlich. Hinzu kommen die Begleitaufgaben: Diplomarbeiten, Dissertationen, Promotionen, Semesterarbeiten, Gremiensitzungen und anderes mehr. Ich war also ein Nebenopfer des Krieges.

Die internationale Lage und die einschneidenden Ereignisse überstürzten sich. Der Bedarf an Öffentlichkeitsarbeit stieg ständig an. Präzise Informationen und verläßliche Analysen mußten vorgetragen werden. Die Wahrheit mußte bekannt gemacht werden. Folgende Themenkomplexe waren Gegenstand der Veranstaltungen:

1) Endgültiger Zusammenbruch des Realsozialismus, aber nur in Osteuropa und der UdSSR.
2) US/NATO-Aggression gegen den Irak,
3) US/NATO-Krieg gegen Jugoslawien,
4) US/NATO-militärische Intervention in Somalia.
5) US-Provokationen gegen andere Staaten und Völker.
6) Perspektiven des anti-imperialistischen Widerstandes, anti-Thesen gegen die Verbreitung von Unsicherheit über die Zukunft.

Ich war gefordert und durfte nicht „Nein" sagen. Ich wurde in viele Städte eingeladen und habe entsprechend auf zahlreichen Veranstaltungen gesprochen. Zum 6. Januar 1991 wurde ich von dem Antikriegsbündnis in Lübeck zu einer Veranstaltung zum Thema „Irak – Kein Krieg für Öl" eingeladen zu referieren. Ich habe angenommen. Freundlicherweise wurde ich von den Veranstaltern mit einem Auto von Hamburg aus zum Tagungsort gebracht. Im Anschluß an den Vortrag fand eine Diskussion statt. Sie war deutlich engagiert. Zu diesem Zeitpunkt war allen klar: Die USA und die NATO werden rücksichtslos angreifen, weltweit stiegen die Sorgen der Menschen – auch bei mir. Die Lübecker Veranstaltung war der Auftakt für eine länger anhaltende antimilitaristische und antiimperialistische Öffentlichkeitsarbeit. In Lübeck lerne ich Matthias Keuchel kennen. Er wurde der Setzer meiner Bücher und seitdem sind wir in Freundschaft und Arbeit verbunden. Termine zu Veranstaltungen an zahlreichen anderen Orten wurden erbeten und vergeben. Während des Jahres 1991 war ich oft zu Informations- und Solidaritätsveranstaltungen eingeladen. Meine Reisen führten über mehrere Länder, u.a. über die Schweiz (März 1991). Auf der Kieler Woche pflegte man die Tradition, den Bundespräsidenten zur Festrede einzuladen. Auf der Kieler Woche 1991 hat man stattdessen mich eingeladen. Es war eine große Veranstaltung über den US-NATO-Krieg gegen den Irak und überhaupt über die steigende Aggressivität des Imperialismus. Es herrschten Betroffenheit und Solidarität.
Zur tieferen Analyse und Theoriebildung und perspektivischen Orientierung fanden Seminare statt. An der Universität Bremen leitete

ich eine Seminarsequenz über „Krieg und Frieden". (Transkriptionen aus Tonträgern und Skripte sind inzwischen gedruckt worden: „Karam Khella: Reihe über den Krieg"). Akademische Seminare ebenso wie die Öffentlichkeitsarbeit wurden in den folgenden Jahren fortgesetzt.

Die Wende in Osteuropa und der Zusammenbruch des Sozialsystems der Deutschen Demokratischen Republik (DDR) um 1989 hat dazu geführt, daß auch dort Zustände eingetreten sind, die Sozialarbeit und Sozialpädagogik unter kapitalistischen Bedingungen erforderlich machen. Der Theorie und Praxis Verlag berichtete, daß er seitdem vermehrt Lieferungen des „Handbuch für Sozialarbeit und Sozialpädagogik" von Karam Khella in die Ex-DDR-Gebiete tätigte.

Publikationen 1991

Karam Khella, Golfkrieg, Hamburg 1991, 150 S. ISBN 3-921866-42-1.

Karam Khella, Sie kommen wieder – Golfkrieg, Hamburg (2. Aufl.) 1991, 240 S. ISBN 3-921866-42-1

Karam Khella, Die Kreuzzüge halten an, Berlin 1991.

Nazih Brik und Karam Khella, Kibbuz – Legende und Wirklichkeit, (Dissertation von Dr. Brik an der Universität Oldenburg, veröffentlicht im TuP-Verlag), Hamburg 1991. ISBN 3-921866-43-X

Karam Khella, Jüdische Auswanderung von der Sowjetunion nach Palästina/Israel, in: Kibbuz, Hamburg 1991. ISBN 3-921866-43-X

Krieg und Frieden

1992

Seit 1990 war Bremen – neben Hamburg – ein Schwerpunkt meiner Lehrtätigkeit. Ich teilte meine Arbeitszeit in der Weise ein, daß ich an einem Tag eine möglichst optimale Zahl von Unterrichtsstunden ableistete, so daß ich zuhause – am Stück und ohne Unterbrechung – Manuskripte aufbereiten konnte. Bei der Häufung der Lehraufträge mußte ich an einem einzigen Tag bis zu zehn Lehrstunden durchführen. Ich unterrichtete sowohl an der Universität Hamburg als auch an der Universität Bremen als auch an der Hochschule Bremen. Hinzu kam die Durchsicht der schriftlichen Arbeiten.

Zu den Schwerpunkten meiner Seminare an der Universität Bremen kam auch der Schwerpunkt „Krieg und Frieden“ hinzu. Das Lehrangebot traf auf breites Interesse. Das Thema habe ich grundsätzlich behandelt. Erläutert wird das Phänomen „Krieg“ historisch. Theoretische Fragen werden an geeigneten Stellen der historischen Entwicklung behandelt.

Ich muß von Glück reden, daß an meinen Seminaren sehr ausgereifte Studierende und Studienabsolventen teilnahmen. Auch Hochschullehrer befanden sich unter der Hörerschaft. Die Seminardiskussionen waren stets konstruktiv, hilfreich, vorantreibend und dienten als Kontrolle meiner Inhalte.

Ich referiere grundsätzlich ohne schriftliches Skript, aber mit klarem Konzept im Kopf. Um manuskriptfrei reden zu können, muß der Gedankengang der Vorlesung konkret und präzise stehen. Ich lege die Erkenntnisziele der Sitzung fest. Vom ersten Satz an steuere ich auf die Ergebnisse, die erst am Schluß vorgetragen werden, hin.

Dieses Vorgehen – nicht an ein Manuskript gebunden zu sein – gibt mir die Möglichkeit, den Augenkontakt mit der Hörerschaft lebendig und kontinuierlich zu halten. Die Hörer registrieren die unmittelbare Kommunikation. Still geben sie zu erkennen, daß auch sie mit mir kommunizieren. Der Austausch durch die Augensprache oder auch andere nonverbale Gestik fördert zudem die positive emotionale Atmosphäre in der Seminargemeinschaft. An den Gesichtern sehe ich Zeichen von Zustimmung, oder die Bitte den Gegenstand noch verständlicher, noch klarer darzulegen. Die Hörer fühlen sich mit dem Dozenten verbunden. Ihrerseits zeigen sie Emotionen, die dem dargelegten Sachverhalt gemäß sind: Gerade beim Thema Krieg besteht bei Redner und Hörern ein großes Bedürfnis, Emotionen zum Ausdruck zu bringen.

Am Thema Krieg werden die Grenzen der Sprache deutlich. Die Verbrechen übersteigen das Ausdrucksvermögen. Wenn die verbale Beschreibung ihre Grenzen erreicht, werden nonverbale Kommunikationsmittel frei. An all dem nehmen Hörerinnen und Hörer teil. Gefühle der Trauer werden deutlich, wenn über das Ausmaß der Zerstörungen berichtet wird. Wenn eine fortschriftliche Bewegung liquidiert oder ein Revolutionär hingerichtet wird, wird im Hörsaal die persönliche Betroffenheit deutlich. Im anderen Fall zeigen sie Freude, wenn sich das Gute durchsetzt. Der lebendige Austausch verleiht der Sitzung Lebhaftigkeit. Die emotionale Stimmung und das gute Klima lassen die Vorlesungen und die Seminararbeit zu einem angenehmen Erlebnis werden, das von allen Teilnehmern, von allen Hörerinnen und Hörern geteilt wird. Solidaritätserfahrungen schlagen in praktische Vorschläge um. Als die Nachricht kam, die USA verhindert die Einfuhr von Bleistiften und Lehrmitteln in den Irak, organisierte das Seminar eine Kampagne zur Sammlung von Schulmaterial für den unter Blockade stehenden Irak. Es wächst das Zusammengehörigkeitsgefühl in der Seminargemeinschaft. Die kollektive Betroffenheit stärkt die Einheit. Lernen macht Freude! Lehren macht Freude!

Das Vorgehen, nicht vorzulesen, sondern frei zu sprechen, bringt für mich als Lehrenden den zusätzlichen Gewinn, daß ich Inhalte – synchron mit dem Vortragen – vorformuliere. Im Anschluß an die „Vorlesung" habe ich bereits die satzförmige Bekleidung meiner Gedanken im Kopf. Diese sollen dann so schnell wie möglich zu Papier gebracht werden.

So bot ich seit dem Sommersemester 1991 die Vorlesungssequenz „Über den Krieg" an, die sich über mehrere Semester erstreckte. Nach einer Vorlesung rief Torsten vom hinteren Ende des Hörsaals laut: „Wenn diese Inhalte nicht gedruckt werden, wird in fünfzig Jahren niemand mehr davon etwas wissen!"

Von studentischer Seite wurde die Initiative ergriffen, die Vorlesungen auf Tonträger aufzunehmen und zu transkribieren. Die Transkriptionen wurden wiederholt kopiert. Eine Nachprüfung der Transkriptionen konnte ich erst später vornehmen. Ich habe die Texte korrigiert und ergänzt. Die Reihe erschien ab 2009 unter dem Titel „Die Vorlesungen von Karam Khella über den Krieg".[4]

Wohnhaft war ich nach wie vor in Hamburg, wo ich – neben Bremen – weiterhin lehrte.

---

[4] Die Skripte wurde ab 2013 in Buchform in der Reihe „Über den Krieg", neu herausgegeben.

Begegnung mit Ahmad ibn Abu-Ahmad
Zu einem Seminartermin am Nachmittag ist die Zeit zu knapp geworden. Ich mußte ein Taxi anhalten. Der Fahrer überraschte mich: „Guten Tag Herr Khella!“. Ich antwortete verlegen: „Guten Tag“. Der Taxifahrer merkte, daß ich ihn nicht kenne. Von sich aus sagte er: „Ich bin Ahmad ibn Abu-Ahmad“. Natürlich konnte ich ihn sofort einordnen: „Entschuldige bitte. Du warst noch viel jünger, als ich Dich zum letzten Mal gesehen habe – zusammen mit Deinem Vater. Wann hast Du den Taxiführerschein gemacht?“ „Erst diese Woche“, antwortete Ahmad.
Inzwischen hielt das Taxi an. Die Ampel war rot. Ich sagte spontan: „Du hältst bei Rot?“ Ahmad antwortete verwundert: „Das ist doch selbstverständlich!“ Ahmad hielt noch einmal an. Wir waren am Ziel. Ich zahlte und stieg aus dem Taxi aus. Ahmad wußte nicht, warum ich gefragt habe: „Du hältst bei Rot?“[5]

Publikationen 1992
Transkriptionen meiner Bremer Vorlesungen zum Thema „Krieg“. Zur Zeit der Herausgabe dieser Autobiographie erscheinen diese Transkriptionen in einer von mir autorisierten Ausgabe.

1993
Zum 1. Oktober 1993 wurde ich vor ein Professorengremium der Universität Bremen zu einer Anhörung eingeladen. Mir wird eröffnet, unter welchen Bedingungen ich meine Lehre an der Bremer Uni fortsetze. Die Verhandlungen scheitern. Der Lehrauftrag wird über das WS 1993/94 nicht mehr verlängert. Proteste gegen die Entscheidung häufen sich. Der Konflikt weitet sich auf akademischer und öffentlicher Ebene aus.
Im Rahmen des selbstorganisierten Lernens der Studentenschaft setze ich die Lehre fort.

Sozialisation und die Erfahrung von Diskriminierung und Repression

Ägypten präsentiert die nationale Einheit eines bi-konfessionellen Staats. Seit dem Jahr 640 n.Chr. leben in Ägypten Christen (Kop-

---

[5] siehe Seite 91.

ten) und Muslime friedlich zusammen. Die Islamisierung eines Großteils der ägyptischen Bevölkerung ist allmählich durch die Langzeitgeschichte eingetreten. Gegenwärtig ist die ägyptische Bevölkerung mehrheitlich islamisch. Die christlichen Kopten machen etwa 15-20 % der Gesamtbevölkerung Ägyptens aus. Die Menschen leben ungeachtet ihres religiösen Bekenntnisses friedlich miteinander. Es ist eine große Bereicherung für Ägypten, die beiden großen Religionen Christentum und Islam in *einer* Nation zu vereinen und dabei eine international führende Rolle wahrzunehmen.
Es gibt aber auch die Schattenseiten. Gerade in Krisenzeiten werden die Angehörigen der beiden Konfessionen gegeneinander ausgespielt. Exogene Kräfte versuchen, eine konfessionelle Zwietracht zu schüren, um die Regionalmacht Ägypten zu schwächen. Die Politik „divide et impera“ findet dabei leider auch ihre Handlanger.

Gleich ist jedoch nicht gleich. Seit meiner Geburt als Angehöriger der koptischen Minderheit bin ich durch die Erfahrung geprägt, benachteiligt, nicht in allem gleichgestellt, nicht gleichbehandelt zu sein.

Bemerkenswert ist die Feststellung, daß ich – am eigenen Leib – die Erfahrung der Diskriminierung weiterhin durchmachen muß, obwohl ich seit dem 23. Lebensjahr in Gesellschaften außerhalb Ägyptens lebe. Seit 1958 lebe ich überwiegend in Europa. Die Spaltung in Muslime und Kopten spielt hier politisch und sozial keine Rolle mehr. Dennoch muß ich die Erfahrung von Diskriminierung weiterhin durchmachen – und zwar aus ganz anderen Motiven: Als Ausländer, Dissident, Andersdenkender, Dunkelhäutiger und anderes mehr.
In der Folge mußte ich über das Phänomen „Diskriminierung“ tiefer nachdenken und meine Vorstellungen davon radikal in Frage stellen.

Obwohl die Gründe, weshalb ich benachteiligt werde, sich immer wieder geändert haben, ist die Diskriminierung geblieben. Geblieben ist auch, daß es genug Mitmenschen gibt, die mehr zur Ausgrenzung als zur Zusammengehörigkeit neigen.

Ich stelle fest, daß die Herrschenden prinzipiell den Dualismus schüren, um ihre hegemonialen Ansprüche durchzusetzen.

Daß ich Zeit meines Lebens – trotz durchgreifender Änderung meiner Aufenthalte und der politischen und sozialen Bedingungen – stets einer Art Diskriminierung oder Repression ausgesetzt bin, ist eine Tatsache, die mich veranlaßt, grundsätzlicher über das Diskriminierungsphänomen nachzudenken. Dabei komme ich zu dem Ergebnis, Diskriminierung ist ein „Symptom“. Sie ist die Pathologie. Ihre Ätiologie ist in den herrschenden Systemen zu suchen. Sie liefern die Kultur, aus der die Diskriminierung hervorgeht.

Seit meinem 23. Lebensjahr lebe ich schwerpunktmäßig in der Bundesrepublik Deutschland. In diesem Land bin ich der am häufigsten betroffene Berufsverbotsfall. Ich bin aber auch derjenige, der am häufigsten zur Hochschullehrtätigkeit berufen wurde. Der reziproke Rekord, den ich in beiden Richtungen erzielte, ist einzigartig. Er erklärt sich daraus, daß ich nach jedem Berufsverbot so viel Solidarität erfahre, daß ich wieder – manchmal in einem anderen Bundesland – meine Lehrtätigkeit ausüben kann. In vier westdeutschen Landesparlamenten war ich einziger Tagesordnungspunkt einer „parlamentarischen“ Sitzung. Aber zu keiner dieser Sitzungen, seien sie plenar oder auf Ausschußebene, wurde ich zur Selbstdarstellung und Selbstverteidigung bzw. zur Anhörung geladen.
Trotzdem konnte ich vier Jahrzehnte lang bruchlos im öffentlichen Dienst an Universitäten und Hochschulen unterrichten und meinen Beruf als Lehrperson ausüben.

Die Wende im Westen: Den Ausdruck „Wende“ zur Bezeichnung des atavistischen Rückschlags vom Sozialismus zurück in den Kapitalismus habe ich nicht geprägt, sondern übernommen. Von einer „Wende“ im Westen spricht kaum jemand. Diese erlebe ich am eigenen Leib. Die Wende in Osteuropa wirkte sich auch in Westeuropa aus. Auch zur Zeit des Bestandes der Sowjetunion hat die Welt unter dem imperialistischen Westen schwer gelitten. Seit dem Niedergang des Realsozialismus entfaltete jedoch der Imperialismus umso rücksichtsloser und krimineller seine aggressiven Potentiale.

Diese Erfahrung mußte auch ich im persönlichen und akademischen Bereich machen. Offensichtlich hat die Hochschulpolitik in der Bundesrepublik Deutschland auf die Auflösung der DDR gewartet, um die Homogenisierung an deutschen Universitäten und Hochschulen noch radikaler durchzuführen. Bis 1991/92 gab es noch KollegInnen, die sich vor Kapitalismus und Imperialismus nicht beugen wollten. Seit der Wende im Westen, die auf die Wende im Osten folgte, fühle ich mich an der Universität immer einsamer.

Indes wäre es ungerecht, allein auf Diskriminierung abzuheben. Die Solidaritätserfahrungen und das Zusammengehörigkeitsbewußtsein überwiegen bei weitem.
Für diese bewegte, erlebnisreiche Zeit sowohl der Verfolgung als auch der Solidarität bin ich sehr, sehr dankbar. Meine Entwicklung, Politisierung und Praxis sind davon geprägt.
Ich erfahre echte Solidarität. Dabei habe ich gelernt, selbst solidarisch zu sein und Verfolgten beizustehen. Wo immer Menschen in der Welt diskriminiert und verfolgt werden, da bin ich zuhause. ***Sie sind ich. Ich bin sie.***
Ohne Diskriminierung und Repression wäre meine persönliche Geschichte viel ärmer gewesen. Gewiß habe ich unter der Repression gelitten, sehr sogar. Rückblickend bin ich hingegen dankbar für alles, was ich dabei erfahren habe.
Während der Zeiten von Repression mußte ich Strategien zum Überleben entwickeln. Eine davon ist, sich hinzusetzen und zu schreiben – nicht unbedingt über meinen Fall. Aber egal, worüber ich schreibe, die Leserschaft empfindet den Widerstand nach. Die Repression hat mich nicht zermürbt, sondern gestärkt.

Vielleicht auch deshalb ist meine Geschichte geeignet, von Unterdrückten und Leidenden gelesen zu werden – zu ihrer Ermutigung und als Aufforderung zu Widerstand, zum Durchhalten und zum Sieg, bis alle Unterdrückung, Repression, Verfolgung und Ausbeutung des Menschen durch den Menschen für alle Zeiten beseitigt sein werden.

Sehr oft blicke ich auf andere Menschen und denke: Die haben ein viel bequemeres und angenehmeres Leben als ich. „Zufälle" führten mich jedoch dahin, Personen aus diesem Kreis näher kennenzulernen und ich erkannte, daß viele es ungleich schwerer als ich haben. Ich empfand Mitleid mit ihnen. Im Gegenzug war es eine Chance, mit ihnen Solidarität zu üben. Es ist eine gegenseitige Unterstützung. Echte Stärkung erhält der / die Unterdrückte nur durch Solidaritätserfahrung.

Hilfreich ist der Blick auf die Menschen in vom Imperialismus heimgesuchten Ländern, die Opfer von Aggressionen und Kriegen geworden sind. Ihr Widerstand ist trostvoll und lehrreich. Erst das Mitfühlen, die Solidarität und die Identifizierung mit ihnen versetzen uns in die Realität unserer Welt und die unmittelbare Teilnahme an ihr.

Dann aber erscheint die eigene Situation als wesentlich erträglicher. Man relativiert seine eigene Lage. Man entdeckt die neue Identität aller Unterdrückten und Verfolgten. In der Gemeinschaft der Unterdrückten bin ich heimisch.

Wenn ich außerhalb meiner eigenen Lehrveranstaltungen von „Theorie“ rede, registriere ich an den Gesichtern der Hörerschaft deutliche Züge der Furcht vor einem schwierigen, mehr mühsamen als freudigen Unterfangen.

Wenn man hingegen den richtigen Griff zur „Theoriebildung“ erlangt, entdeckt man eine wahre spontane Freude an dieser intellektuellen, abstrakten Leistung. Theoriearbeit kann spannender und aufregender sein als jeder Thriller. Theoriebildung ist das aufregendste Abenteuer, das man sich vorstellen kann.

In diesem Jahr erscheint die „Universalistische Geschichtstheorie“ erstmalig in separatem Druck, nachdem sie im Rahmen des Einheitsbandes „Khella, Geschichte der arabischen Völker, 1994“ erstmalig veröffentlicht wurde (SS. 289-352). Die zweite Auflage erscheint nun als eigenes Buch unter dem Titel „Grundlegung der Universalistischen Geschichtstheorie“.

Im Jahre 1995 mache ich auf dem Gebiet der Schreibtechnik einen qualitativen Sprung. Die digitale Ära hat für mich Mitte der 1990er begonnen; relativ spät, aber nicht zu spät. Ich jedenfalls lebte noch bis in die Mitte der 1990er prädigital. Ich muß zugeben, daß die Digitalisierung und die computerisierte Textverarbeitung die Tätigkeit von Autoren erleichtert.

Gastprofessuren u.a.
1995 Gastprofessur an der Universität Khartoum.
Stoffgebiete:
1) Universalistische Erkenntnis- und Geschichtstheorie,
2) Wissenschaftstheorie und Wissenschaftskritik,
3) Geschichtsrevision.

Publikationen 1995
Karam Khella, Universalistische Geschichtstheorie, hrsg. v. AK Süd Nord, Universität Bremen, Bremen 1995. ISBN 3-921866-59-6
Karam Khella, Mythos Marx, Hamburg 1995, 160 S. ISBN 3-921866-62-6
Karam Khella, Die Ost-West-Annährung und ihre Auswirkung auf den Rest der Welt, hrsg. v. Schapour Ravasani, in: Beginnt eine

neue Weltära?, Oldenburg und Hamburg (2. Aufl.) 1995. ISBN 3-921866-54-5
Karam Khella, Epilog – Die neuen Mauern, hrsg. v. Schapour Ravasani, in: Beginnt eine neue Weltära?, Hamburg 1995. ISBN 3-921866-54-5
Karam Khella, Sonallah Ibrahim und sein Ausschuß – Eine Erzählung und ihre Erklärung, hrsg. v. AK Süd Nord, Universität Bremen, Hamburg, 1995. ISBN 3-921866-61-8
Karam Khella, Die Bedeutung Bismarcks für den deutschen Imperialismus – Aufgaben zur Revision der Geschichte des 19. Jahrhunderts, hrsg. v. AK Süd Nord (Hrsg.), Universität Bremen, Bremen 1994/1995. ISBN 3-921866-58-8
Karam Khella, Braucht der Norden den Süden?, hrsg. v. AK Süd Nord, Universität Bremen, Bremen 1995.
Karam Khella, Zweiter Brief des Dolmetschers, Hamburg 1995. ISBN 3-921866-64-2
Ahmet Boyali/Karam Khella, Briefe an die Deutschen, Hamburg (3. Aufl.) 1995. ISBN 3-921866-34-0.
Karam Khella, Der Sturm, die Explosion und das deutsche Superhirn, in: Arkaden, 1995. ISSN 0-9413499

Literatur über Karam Khella (eine Auswahl):

Detlev Quintern, Zur Leistungsfähigkeit der „Universalistischen Geschichtstheorie von Karam Khella“ in der Analyse internationaler Zusammenhänge, Bremen und Hamburg 1995.
Fachschaft, Universität Bremen, Auch wenn sie die (Vor-)Verurteilung beschlossen haben – Karam Khella muß Hochschullehrer bleiben, Bremen 1995.

Die Entdeckung der Erkenntnispyramide

1996

Die Theoriebildung im Rahmen des gesamten hierarchisch aufgebauten Erkenntnissystems des Menschen verlangt nach einer Ordnung, welche die Beziehungen zwischen den einzelnen Stufen des Verstehens, Erkennens und der wissenschaftlichen Leistung klarstellt und ihr Verhältnis zueinander aufdeckt. Jede intellektuelle Leistung ist einer höheren Stufe untergeordnet. Jede Ebene ist von einer Metaebene abhängig. Die Erschließung und Aufklärung dieser Beziehungen ist von großer Bedeutung für die Erkenntnisreflexion der Meinungsbildung und der Wissensentwicklung. Die Bedeutung der Herausarbeitung dieser Beziehungen darf nicht unterschätzt werden. Es ist tragisch, daß diese Aufgabe in der bisherigen Geistesgeschichte eigentlich noch nie befriedigend geleistet worden ist.

„Theoriebildung" ist ein langwieriger, mühsamer Weg. Es wundert mich nachträglich, daß ich lange Zeit ein Ziel anstrebte, von dem ich anfangs nicht wußte, wie es zu erreichen ist. Gleichwohl strengte ich mich entschlossen an, dort anzukommen. Bücher, von denen ich annahm, sie böten mir die gesuchte Anleitung, halfen kaum.
Die Realisierung eines eigenen Programms bis zur eigen Theoriebildung war ein Weg, der auf keiner Karte vorgezeichnet ist. Wenn ich eine Station erreichte, habe ich sie deutlich markiert.

Die Erkenntnispyramide wird – gleich einer Steinpyramide – von unten nach oben erbaut. Ihre Entdeckung erfolgte umgekehrt. Systematisch erkannte ich die Beziehungen von oben nach unten: Regelhaft, eine Stufe nach der anderen, von oben nach unten, von der Spitze bis zur Basis, voranschreitend.

Aufgrund meiner akademischen Sozialisation habe ich mit den Einzelwissenschaften und ihren Disziplinen begonnen. Es fiel mir auf, daß sie nicht so voneinander getrennt sind, wie sie gelehrt werden. Die Realität ist nicht eine Anhäufung von Einzelteilen oder Fachbereichen. Die Wirklichkeit bildet vielmehr eine Einheit Das war die Grundlage der Entdeckung der obersten Stufe der Erkenntnispyramide. Die falsche Konzeption der „Spezialisierung" in Forschung, Lehre und Bildung zerstört die objektive Einheit des Seins, folglich des Wissens. Die Beziehung zwischen den einzelnen Wissenschaften muß wiederhergestellt werden. „Spezialisierung" ist nur richtig, wenn sie auf der Basis der Integration des Gesamtwissens (= „Universalismus“) geleistet wird.

Jedes Wissenschaftsgebiet wird durch geeignete fachspezifische Methodik erforscht. Es gibt *Millionen* von akademisch gelehrten Fächern, es gibt aber nicht Millionen von Methoden. Eine Methode bedient eine große Anzahl von Einzelwissenschaften. Offensichtlich besteht doch ein organischer Zusammenhang zwischen den Disziplinen. Somit entdeckte ich die zweithöchste Stufe der Erkenntnispyramide, die Ebene, den Stellenwert und die Einordnung der Methodologie im Erkenntnissystem.

So schritt ich systematisch von oben nach unten. Als Ergebnis entdeckte ich hintereinander die sieben reflektierten Ebenen der Erkenntnispyramide.

Einen Sonderfall bildet die Verflechtung der unreflektierten Ebene. In der Frühkindheit werden Inhalte erworben, welche die intellektuellen Leistungen lenken und steuern, ohne selbst reflektiert zu werden (z.B. religiöse Vorstellungen).

Darum werden die acht Stufen der Erkenntnispyramide in zwei Gruppen eingeteilt: Die sieben oberen sind reflektierte Erkenntnisebenen, die achte, die unterste Ebene, ist die unreflektierte Ebene.

So schritt ich vorwärts, das heißt, von oben nach unten, bis ich die Basis der Pyramide und den extrapyramidalen Bereich erreichte. Zu ermitteln waren die folgenden Elemente:

a) Wie funktioniert jede Stufe als Erkenntnisfaktor.
b) Wie wirkt sich jede Stufe für sich allein und als Bestandteil des Erkenntnissystems eines jeden Menschen aus.
c) In welcher Weise bestimmt der jeweilige Inhalt einer jeden Stufe die Erkenntnis und die Meinungsbildung eines jeden Menschen.
d) Klärung der Beziehung zwischen den einzelnen Stufen.
e) Darstellung des Aufbaus des Erkenntnissystems als Ganzes.

Die Entdeckung aller acht Stufen und der außerpyramidalen Ebene nahm etwa vier Jahre in Anspruch. Jedes Semester konnte ich im Rahmen der theoretischen Einführung in die Thematik die Pyramide um eine Stufe höher, eigentlich tiefer, bauen.

Erkenntnispyramide

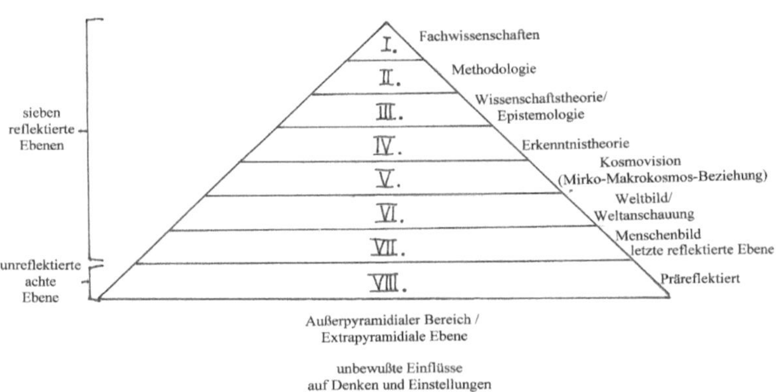

Die achtstufige Erkenntnispyramide zusammen mit den extrapyramidalen Einflüssen schlüsselt zum ersten Mal auf, wie die intellektuelle Leistung eines jeden Menschen funktioniert. Der hierarchische Aufbau des kognitiven Prozesses ist als Zeichnung schematisch dargestellt. Die Erkenntnispyramide zeigt auf, wie die Erkenntnis als ganzes und als einzelne Stufen entsteht.
Die Reflexion der Erkenntnispyramide ist unerläßlich zur Sozialisationsaufarbeitung, Revision der eigenen Einstellungen und Denkweisen, sowie der bewußten Steuerung der eigenen intellektuellen Fähigkeiten und Leistungen.

Den ersten Entwurf der Erkenntnispyramide und die Erläuterungen zu den einzelnen Stufen habe ich erst relativ spät veröffentlicht, erstmalig in Risāla Nr. 4 (2004) publiziert und seitdem weiter entwickelt und spezifiziert (letzte Fassung in: Khella, Universalistische Erkenntnis- und Geschichtstheorie, 2008)
Die Stufen werden von der Spitze (Ebene I) zur Basis (Ebene VIII) numeriert, da sie intellektuell von oben nach unten reflektiert wer-

den. Hingegen wird die Pyramide – analog einer Steinpyramide – von unten nach oben aufgebaut.

Man solle sich davor hüten, sich von der scheinbaren Einfachheit der Erkenntnispyramide täuschen zu lassen. Erst bei genügender Vertiefung gelingt es dem Benutzer, den eigentlichen Gewinn, seinen eigenen Erkenntnisweg zu optimieren, nachzuprüfen und zu vervollkommnen.

Gastprofessuren u.a.
1996 Gastvorlesungen an den Universitäten San José, Heredia und San Isidro.
Stoffgebiet: Teoría Universalista de la Historia.

Publikationen 1996
Karam Khella, Fondament de la „Théorie universaliste de l'histoire", traduit de l'allemand par Jürgen Brankel, 1996.
Universität Oldenburg (Hrsg.), Karam Khella, Das europäische Orientbild, in: Wider den Zeitgeist – Festschrift für Schapour Ravasani, Oldenburg 1996. ISBN 3-8142-0545-6
Karam Khella, Verstehen Sie Jugoslawien?, Hamburg 1996. ISBN 3-921866-70-7
Karam Khella, Der hermeneutische Zirkel als Übersetzungsvirus am Beispiel der Übertragung arabischer Texte ins Deutsche, in: D. Gipser, I. Schalabi, E. Tichy (Hg.), Das nahe Fremde und das entfremdete Eigene – im Dialog zwischen den Kulturen – Festschrift für Nabil Kassem, Hamburg und Kairo 1996, SS. 405-426. ISBN 3-928859-04-8
Karam Khella, Eurozentrismus, in: Risāla 2, Bremen 1996.
Karam Khella, Cuba, die „Neue Weltordnung" und die vier Mauern, in Risāla 2, Bremen 1996.

Interviews
Risāla im Gespräch mit Karam Khella: Zur Bedeutung und Entwicklung der Universalistischen Geschichtstheorie – Ein Interview mit Karam Khella, in Risāla 2, Bremen 1996.
Yasar Kurt im Gespräch mit Dr. Karam Khella, Rassismus in der Wissenschaft, in: Die Brücke 1996.

11. Seminarbetrieb

1997

Universitäre Seminare – Zeitlicher Rahmen

Universitäre Lehrveranstaltungen fangen traditionell entweder s.t. oder häufiger c.t. an. Das „s.t." steht für „sine tempore", „c.t." für „cum tempore", also „ohne" oder „mit" Zeit(verzögerung). Gemeint ist, ob das Seminar pünktlich bei der vollen Stunde beginnt (s.t.) oder jeweils eine Viertelstunde später (c.t.), d.h. die Einbeziehung des sog. „akademischen Viertels"; s.t. bedeutet keine Einbeziehung des „akademischen Viertels", also pünktlich beginnend, normalerweise bei voller Stunde. Ich pflege meine Lehrveranstaltungen c.t. zu beginnen, was sonst auch üblich ist.

Der Unterschied zum Regelfall besteht ganz woanders. Ich habe früh erkannt, daß die Zeitbegrenzung auf 2 x 45 = 90 Min. eine wirklich gemeine Falle ist.

Festgestellt habe ich ferner, daß es notwendig ist, sich bei einer Lehrveranstaltung den Rücken freizuhalten. Das Seminar endet, wenn die vorgesehenen Erkenntnisziele erreicht sind. Rasch ist diese Regelung bekannt geworden, so daß ich nicht mehr zum Semesterbeginn darauf hinweisen mußte. Meine Befürchtung, nach 90 Minuten würden etliche den Seminarraum verlassen, ist nie eingetreten.

Ich wähle bevorzugt einen Beginn um 16 Uhr c.t. Die Seminarteilnehmerinnen und Teilnehmer halten sich den Abend frei, so daß die Vorlesung in Ruhe gehalten und die Diskussion ohne Zeitdruck geführt werden kann.

Bald ist es Gewohnheit geworden, daß nach der Seminarsitzung die Kommunikation in einem nahestehenden Lokal locker weiter geführt wird, und nicht unbedingt am Thema entlang. Auch nicht themenbezogene Anliegen kommen zur Sprache. Anfangs konnte ich mich mit dem studentischen Wunsch, im Anschluß an die Sitzung einen gemeinsamen Ausgang zu einem Lokal zu unternehmen nicht leicht anfreunden. Die Vorlesungs- und Seminararbeit ist zwar sehr angenehm, beansprucht aber die Lehrperson derart extrem, daß sie hinterher ruhebedürftig ist. Zunehmend mußte ich einsehen, daß bei diesem Round Table Gespräche und Fragen kommen, die in der regulären Seminarsitzung nicht angeschnitten werden und dennoch von existentieller Bedeutung sein können. Davon abgesehen fördern diese Runden die menschliche Kommunikation und die Spontaneität in einer Weise, wie sie im disziplinierten Seminarbetrieb nicht möglich ist.

Ich wurde immer aufgeschlossener und nahm die Aufforderung zu den Nach-Seminar-Stunden nicht ungern an. Die ungezwungene Kommunikation und die informellen Tischgespräche in freundschaftlicher, fröhlicher Atmosphäre sind so entspannt, daß ich diesen Ausgang nicht mehr als „Überstunden", sondern als eine willkommene Krönung des Studientages akzeptierte. Als Nebeneffekt wachsen dabei die freundschaftlichen Beziehungen.

Publikationen 1997

Karam Khella, Die erfundene Realität – Kritik der Kritik der politischen Ökonomie, Hamburg 1997, 184 S. ISBN 3-921866-72-3.
Karam Khella, Die gespaltene Welt 1997.
Göbel, Khella, Thörner, hrsg. von K. Khella, Der Fall Jugoslawien, Hamburg 1997, ISBN 3-921866-71-5
Karam Khella, Die universalistische Erkenntnistheorie, in: Risāla 3 (Hier ein erster (gedruckter) Entwurf der Erkenntnispyramide), Bremen 1997.
Karam Khella, Psychopathologie und Imperialismus, in: Risāla 3, 1997.
Karam Khella, Palästinensische Nationalcharta, deutsche Übersetzung mit Einleitung und Erklärungen von Karam Khella, Risāla 3, Bremen 1997.
Karam Khella, Die Widerstandsaktion der Palästinenserin Souhaila Andrawes im historischen Kontext, in: Freiheit hinter Gittern, Hamburg, 1. Aufl. 1997, 2. Aufl. 1998.

Wochenend- und mehrtägige Seminare

Die reguläre Unterrichtsstunde dauert 45 Minuten. In Ausnahmefällen werden zwei Unterrichtsstunden zu einer Einheit von 90 Minuten zusammengelegt.

Die so terminierte Unterrichtszeit hat ihren Sinn und hat sich international durchgesetzt. Indes habe ich in meiner Lehrerlaufbahn relativ früh die Mängel und Nachteile dieser Dimensionierung er-

Telekommunikation
Segen oder Fluch

1998

Relativ früh habe ich mich entschlossen, keine Kommunikation von der Steckdose zu empfangen: Weder Radio, noch Fernsehen, noch Video, noch Internet, noch E-Mail.
Offen geblieben ist das Telefon.
Am 27. Januar 1998 habe ich mich entschlossen, das Telefon stillzulegen.

Die menschliche Begegnung ist persönlich. Es begegnen sich Menschen. Sie kommunizieren miteinander. Sie erleben sich von Angesicht zu Angesicht. Die menschliche Kommunikation ist nicht nur verbal, sondern auch nonverbal. Die letzte Komponente geht beim telefonieren verloren, erstere leidet. Die verbale Kommunikation findet ohne die Präsenz des Ansprechpartners statt.

Das Geschäftsleben führt rationale Methoden ein. Sein Interesse ist rein kommerzieller, bürokratischer Natur.
Noch extensiver macht das Militär von den unterschiedlichsten Formen der Telekommunikation und der Informationsbeschaffung und -weitergabe Gebrauch.

Nun expandiert die Technik in das persönliche Leben.
Ich erkannte die Nachteile technischer Geräte als Kommunikationsvermittler. Die Kommunikation über technische Mittel empfand ich zunehmend mehr lästig als erfreulich.

Schlagartig entschloß ich mich, technische Verbindungen mit der Außenwelt abzubrechen.

Die Erfahrung mit dem Abbruch des Empfangs aus technischen Geräten ist für mich in jeder Hinsicht positiv. Ich bin nicht schlechter informiert als andere. Ich empfange keine Unterhaltung über elektrischen oder elektronischen Weg. Ich vermisse weder Rundfunk noch TV, noch irgendwelche digital vermittelte Unterhaltung.

Dafür schreibe ich und lese gerne Briefe, die über den Postweg zugestellt werden. Mit Menschen rede ich gern von Antlitz zu Antlitz.

November 1998
Wiedersehen mit Ägypten erstmalig seit vierzig Jahren
Drei glückliche Monate in Ägypten
November 1998-Februar 1999.
Gastvorlesungen an den Universitäten Kairo und ʿAin Schams in den Fachbereichen für Philosophie.

Teilnahme und Referat bei den internationalen Kongressen zum achthundertjährigen Jubiläum Ibn-Ruschds.

Teilnahme an den Feierlichkeiten zum 90jährigen Bestehen der Universität Kairo.

1998-99 Gastprofessur an der Universität Kairo, Adab-Fakultät, Fachbereich Philosophie.
Stoffgebiete:
1) Hermeneutik (radikale Hermeneutik),
2) Erkenntnistheorie,
3) Epistemologie.
4) Wissenschaftskritik.

1998-99 Gastvorlesungen an der Universität ʿAin Schams, Ägypten.
Stoffgebiet: Kritik der Wissenschaften.
Khella, Forschungsbericht vor dem Hauptkongreß an der Universität Kairo aus Anlaß des 800jährigen Gedenkens Ibn-Ruschds (st. 11.12.1198), Dezember 1998.

März 1999 – Schmerzlicher Abschied von Ägypten – Wieder in Hamburg

Publikationen 1998
Karam Khella, Der Belagerungszustand, Hamburg 1998. 112 S. ISBN 3-921866-78-2
Karam Khella, Gerhard Rohlfs im historischen Kontext – Die arabische Welt im 19. Jahrhundert, in: Afrika-Reise – Leben und Werk des Afrikaforschers Gerhard Rohlfs, Bonn 1998.
Karam Khella, Seelenleiden – Einführung in Psychopathologie und Psychotherapie in neuer Sicht, Hamburg 1998.

Palästina – Ein Seminar für Multiplikatorinnen und Multiplikatoren

Durchführung eines mehrtägigen Seminars in Bremen
Thema: Palästina

Die Durchführung eines mehrtägigen Seminars im Block, offen für alle Interessierten, ist eine der Aktivitäten, die ich sehr gern anbiete. Auch bei den Zielgruppen erfreut sich dieses Angebot beachtlicher Beliebtheit. Es trifft immer auf kooperationsbereite Hörerschaft. Es handelt sich um Lehr- und Schulungsveranstaltungen, auf denen ich als Einzelreferent ein vereinbartes Thema gründlich und in der gebotenen Ruhe behandle. Mir als Referenten steht genug Zeit zur Verfügung, um das Thema lückenlos zu entwickeln und zu erklären. Auch die Teilnehmerinnen und Teilnehmer haben genug Zeit, ihre Fragen einzubringen und gediegene Antworten zu bekommen. Die Methode hat sich bewährt. Oft wurden die Vorlesungen und Referate, die ich dort vortrage auf Tonträger aufgenommen und transkribiert. Mehrere davon sind inzwischen als Skripten oder sogar in Buchform erschienen und erhältlich. Auch hier referiere ich skriptfrei. Nachstehend zitiere ich aus der Eröffnungs- und Begrüßungsrede, die ich später schriftlich festgehalten habe. Das hier angesprochene Seminar fand in Bremen im Frühjahr 1999, unmittelbar nach meiner Rückkehr aus Ägypten, statt.

Wer die Palästinafrage begreift, begreift alles in der Welt,
Wer die Palästinafrage nicht begreift, begreift nichts in der Welt.

(Transkription)
Karam Khella,
Begrüßung zur Eröffnung des
Wochenendseminars in Bremen,

Liebe Frauen,
liebe Männer!
Liebe Freundinnen und Freunde!

Auch ich für meinen Teil begrüße Euch sehr herzlich und freue mich, daß Ihr so zahlreich erschienen seid. Ihr opfert ein verlängertes Wochenende für Studienzwecke, die eng mit unserer Solidaritätsarbeit zusammenhängen.

Ich habe die Freude, Euch in den kommenden vier Tagen zu unterhalten.
Unser Seminar findet im Raum Bremen statt. Bremen ist bekannt für seinen Fleiß und seine Tüchtigkeit in bezug auf die Solidaritätsarbeit. Ich meine natürlich das rote Bremen oder das universalistische Bremen und im engeren Sinne den Arbeitskreis Süd-Nord. Unsere Genossinnen und Genossen hier haben ihre eigene Variante eines Muschterländle aufgebaut.
Indes muß derjenige, der sich auf die Zusammenarbeit mit den Bremern einläßt, auf einiges gefaßt sein. Der Referent einer Bremer Veranstaltung steht unter großem Leistungsdruck. Wenn er im Streß oder infolge der Erschöpfung umfällt, pflegen die Bremer zunächst den Ersatzreferenten, dann erst den Ambulanzwagen für den Referenten, der umgefallen ist, anzurufen. (K.K. erlaubt sich eine Ironie über eine reale Episode, welche dem Seminar vorausgegangen ist. In einem Speiselokal im Ostertor, wo gewöhnlich Linke verkehren, ist vorgekommen, daß der Koch aus Erschöpfung umfiel. Der Chef des Lokals bestellte den Ersatzkoch, dann erst rief er den Notfallarzt. Die Geschichte wurde vom betroffenen Koch berichtet). Von daher ist es schlauer, wenn der vorgesehene Referent selbst für Stellvertreter sorgt.

Ich werde Eure Namen alle auf eine Liste schreiben, und diese jenen Veranstaltern zur Verfügung stellen, die mich später nach einem Palästinaseminar fragen. Ich werde Euch als potentielle Referentinnen und Referenten vorschlagen. Also macht Euch schon jetzt, auf diesem Seminar, fachlich kompetent. Auch ohne Unfall werdet ihr mit Sicherheit dran kommen.

Ihr seid Multiplikatoren und werdet in Situationen kommen, wo Ihr das Thema Palästina darstellen werdet.

Ich bleibe dabei.
Wer die Palästinafrage begreift, begreift alles in der Welt.
Wer die Palästinafrage nicht begreift, begreift nichts von der Welt.

Heute und in den kommenden Tagen steht das Thema im Mittelpunkt unseres Interesses. Geplant ist:

- Theoriebildung,
- Langzeitgeschichte,
- Die Palästinafrage und die Weltlage,
- Zionismus und palästinensischer Widerstand.

Aus Eurem Seminar sollen Multiplikatoren hervorgehen, so daß Ihr mich entlasten könnt und ich zukünftig weniger Arbeit habe.
Wenn meiner Arbeit Erfolg beschieden ist, dann seid Ihr ganz gewiß im Besitz der Qualifikation und Kompetenz, auf diesem und anderen Gebieten, die wir in unserer Seminararbeit aus universalistischer Sicht behandeln, zu referieren und andere zu schulen.
Ein Indiz dafür ist das Logo, mit dem sich der Arbeitskreis Süd-Nord auf dem Titelbild der RISĀLA Nr. 4 präsentiert: Das Logo stellt knapp den achtstufigen Aufbau der Erkenntnispyramide dar.

Die Erkenntnispyramide ihrerseits symbolisiert in gelungener Weise den hierarchischen Aufbau der menschlichen, kognitiven Vorgänge, wie sie die Universalistische Erkenntnistheorie im Einzelnen ausgearbeitet hat.

Noch eine rein persönliche Apologie: Gegenüber jedem, der heute erschienen ist, trage ich ein schlechtes Gewissen mit mir herum: Weil ich nicht geschrieben habe, nicht angerufen habe, nicht besucht habe, dieses oder jenes nicht erledigt habe. Ich bitte Euch alle, mir zu verzeihen. Eine schriftliche Entschuldigung habe ich dieser Versammlung der Freundinnen und Freunde bereits mitgebracht. „Schriftliche Entschuldigung“ ist wörtlich zu nehmen. Jede und jeder, die im Augenblick anwesend sind, soll es als persönlich an sie oder an ihn gerichtet auffassen: Es sind die neuen Arbeiten, die ich in den letzten Monaten nach meiner Rückkehr aus Ägypten (Februar 1999) fertig gestellt habe, und die der Grund dafür sind, daß ich die freundschaftlichen Kontakte während mehrerer Monate, darunter drei in Ägypten (November 1998-Februar 1999) nicht mehr pflegen konnte.

***

Am 1. November 1999 habe ich die gesetzliche Altersgrenze erreicht und bin in einen sogenannten Ruhestand getreten. Abgesehen von erweiterter Flexibilität erkenne ich keinen Bruch in meinem Lebensrhythmus; wohl aber habe ich für Doktoranden und Nachwuchskräfte mehr Zeit.

Publikationen 1999
Karam Khella, „Pharaonen des Goldlandes – Antike Königreiche im Sudan“, Risāla 4, Bremen 1999.
Khella, K., Der Sudan – Englische Aggression und sudanesischer Widerstand, in Risāla, 4, Bremen 1999, SS. 10-61.

Interview
Risāla im Gespräch mit Karam Khella: „Verdienter Forscher, beliebter Lehrer, undankbarer Staat“, – Bremen 1999.

Meine Lehrtätigkeit in der zweiten Hälfte des zwanzigsten Jahrhunderts
Eine Rückschau aus Anlaß der Jahrtausendwende

2000
Zur Jahrtausendwende sei eine Gelegenheit geboten, retrospektiv einen kritischen Rückblick auf meine Lehre und Praxis und ihre Rezeption vorzunehmen. Mit zeitlichem Abstand lassen sich Lehr- und Lernprozesse in ihrer langfristigen Wirkung nachdenklicher und distanzierter beurteilen.

Zur Evaluation eines zehnjährigen Blocks zur Sozialen Arbeit und Sozialpädagogik –
Rückblick auf das Werk: Khella, Handbuch der Sozialarbeit und Sozialpädagogik, 1974-1983
Die Schwerpunkte meiner Lehre in den 1970ern und 1980ern waren Soziale Arbeit und Sozialpädagogik. Es waren auch die Jahre in denen ich das Handbuch für Sozialarbeit und Sozialpädagogik erstellt habe.
Die einzelnen Bücher dieses Handbuches sind publizistisch ein großer Erfolg. Die unerwartet breite Rezeption dieser Werke war maß-

geblich tragend für die Stärkung meiner Motivation, weiter zu schreiben und zu veröffentlichen. Dabei muß der Autor gleichzeitig strenge Lebensdisziplin einhalten und Entbehrungen in Kauf nehmen. Dafür entschädigt ihn die große Freude über jedes neu erschienene Werk. Maximale Freude erfährt der Autor, wenn er den öffentlichen Nutzen seines Werkes registriert.

Khella, Einführung in die Sozialarbeit und Sozialpädagogik aus dem Jahr 1974, spätere Auflagen 1982, 1983.

Mit dem zeitlichen Abstand kann man die Signifikanz dieser Arbeit deutlicher erkennen und beurteilen als unmittelbar nach ihrer gedruckten Herausgabe.

Noch bis zum Wintersemester 1971/72 waren die Fächer Sozialarbeit und Sozialpädagogik total systemimmanent beherrscht.

Bis 1973 konnte noch kein einziger Titel zur Notwendigkeit der Umorientierung in der Sozialarbeit und Sozialpädagogik nachgewiesen werden.

1972 begann ich damit, meine Vorlesungen zunächst als Seminarskripte für die Seminarteilnehmerinnen und -teilnehmer zur Verfügung zu stellen.

Die erste Auflage des Einführungsbandes „Khella, Theorie und Praxis der Sozialarbeit und Sozialpädagogik, ist – nach einer Reihe vervielfältigter Skripte – 1973 erschienen. Sie brachte zum ersten Mal ein grundsätzliches, kritisches und theoretisch abgeleitetes Werk zu dieser Thematik heraus. Sie wurde 1974 im TuP-Verlag veröffentlicht und waren schnell vergriffen. Rasch neuaufgelegt werden konnten sie nicht, da ich in der Zwischenzeit mit der Erstellung der übrigen Bände befaßt war. Darum konnte ich die Neubearbeitung der ersten Auflage nicht früher in Angriff nehmen. Der erste Band des Handbuches für Sozialarbeit und Sozialpädagogik hat eine weite Rezeption erfahren und ebenso eine breite Auseinandersetzung ausgelöst.

Die gesellschaftlichen Erscheinungen, welche den Gegenstand von Sozialarbeit und Sozialpädagogik bilden, werden fachlich analysiert und abgeleitet. Den Phänomenen wird auf den Grund gegangen. Die politischen, ökonomischen und sozialen Ursachen der Obdachlosigkeit und vieler anderer Bereiche werden anders als durch eine persönliche Unzulänglichkeit der Betroffenen abgeleitet. Dieser Ansatz ist nicht abzukoppeln von der Analyse und der Kritik der gesellschaftlichen Verhältnisse. Die Betroffenen erkennen den Zusammenhang zwischen ihren Bedürfnissen und den gesellschaftlichen Interessen.

Die Beiträge zu meinem sozialpädagogischen Werk lassen sich grob in zwei große Gruppen einteilen: Die eine Gruppe war gegen meine Ansätze und zielte auf die Herabsetzung ihrer theoretischen und praktischen Leistungsfähigkeit. Es waren systemhörige, etablierte Personen. Es waren wenige aber lautstarke Vertreter traditioneller Auffassungen. Sie hatten außerdem eigene Medien zur Verfügung. Die Vertreter dieser Gruppe verteidigten die institutionalisierte Sozialarbeit. Sie bedienten sich der Förderung aus Steuermitteln, z.B. durch das regierungseigene „Deutsche Jugendinstitut (DJI)“ mit Hauptsitz in München. Die Vertreter dieser einen Gruppe lagen deutlich in der Minderheit.

Die andere Gruppe, die Mehrheit, argumentierte konstruktiv und hob die Bedeutung meiner Publikationen hervor. Die Autoren stellten meine Arbeiten als eine genuine Erneuerung heraus. Ihre Kritik, wenn überhaupt, war konstruktiv. Verschiedene Autoren hoben in Wort und Schrift die Verdienste von Karam Khella zur Entwicklung der Theorie und Praxis der Sozialarbeit und Sozialpädagogik hervor.
Bemerkenswert ist die Feststellung, daß die beiden Fraktionen zwei Extreme bildeten. Sie waren entweder totale Ablehner oder entschiedene Befürworter. Dazwischen gab es keine mittlere Position oder eine Synthese.

In der Auseinandersetzung über die erste Auflage wurde die These über die gewerkschaftliche Organisierung des sozialpädagogischen Personals heftig diskutiert. Ich habe nämlich einige Thesen zur Frage der „fortschrittlichen Perspektive in der Berufspraxis“ aufgestellt. Zum Punkt „gewerkschaftliche Organisierung“ herrschte kein Konsens.

Ich lehrte Sozialarbeit und Sozialpädagogik als eine oppositionelle Wissenschaft und eine Widerstandspraxis. Das waren natürlich keine Schlagworte, sondern fachlich entwickelte Methoden. Ein Beispiel:
In der Auseinandersetzung von Klienten mit Behörden bewährt sich die „Konfliktpädagogik“. Sie vermittelt eine Qualifikation zur Stärkung der Konfliktfähigkeit von Betroffenen.

Es ist eine der wichtigsten Erkenntnisse meiner lebenslangen Lehrpraxis, daß es die *fortschrittliche Berufspraxis* gibt. Sie ist nicht mit der Revolution identisch und darf nicht erst auf bessere Zeiten warten, um aktuell und anwendbar zu sein. Zu allen Zeiten muß eine fortschrittliche Perspektive in der Berufspraxis situationsbezogen entwickelt werden. Sie ihrerseits soll perspektivisch auf Veränderung hinarbeiten und zur Schaffung humanerer Gesellschaften beitragen.

Die 1990er
Schwerpunkt meiner Lehre in den 1990ern waren „Erkenntnistheorie“, „Universalgeschichte“ und „Krieg und Frieden“.
Die Jahre 1989-1991 markieren die Wende in Osteuropa. Mit dem Niedergang der UdSSR verschwand das politische und militärische Gleichgewicht der Weltlage.
USA und NATO entfesselten eine in diesem Ausmaß unerwartete Aggressivität. Hieraus ergab sich der Handlungsbedarf, die destruktive Welle, die über die Menschheit hereinbrach, fachlich zu reflektieren. Vertreter der Studentenschaften traten an mich mit der Aufforderung heran, die Thematik von „Krieg und Frieden“ im universitären Rahmen anzubieten. Die Seminarsequenz erstreckte sich über Jahre. „Die Vorlesungen von Karam Khella über den Krieg“ sind inzwischen gedruckt erhältlich.

1970-2000
In der chronologisch aufgebauten Autobiographie habe ich die Perioden jeweils für sich dargestellt. Die beruflichen Arbeitsplätze stellten insgesamt nur einen Aspekt meiner Aktivitäten dar.

Neben dem Hauptberuf erhielt ich gleichzeitig Lehraufträge an anderen Hochschulen und hielt an anderen Universitäten und Hochschulen – semesterweise oder tageweise – Lehrveranstaltungen. Oft

bestand der Wunsch, daß ich eine Sequenz über mehrere Semester durchführe.
Die Fächer waren überwiegend „Sozialarbeit“ und „Sozialpädagogik“; sie wurden häufiger gefragt als andere. Es folgten Vorlesungen über Medizin, Psychologie, Psychopathologie, Psychiatrie, Therapien und therapeutische Methoden, Dialektischen und historischen Materialismus, Erkenntnistheorie, Universalismus, Geschichte u.a.

Einen anderen Schwerpunkt meiner Vortragstätigkeit bildeten die politischen Veranstaltungen. Oft hatte ich auch bei kulturellen Ereignissen einen Beitrag anzubieten.

Durch all diese Aktivitäten und die Ausbildungsaufträge, die ich bekam, erhielt ich eine starke Motivation zu schreiben, so daß sich die Hörerschaft an den Skripten weiter vertiefen und qualifizieren konnte. Darin steckte auch die Hoffnung, daß die Inhalte räumlich und zeitlich erhalten bleiben.

Die Tatsache, daß ich frei rede, fördert das Vorformulieren. Oft habe ich unmittelbar nach den Veranstaltungen das Referat, das ich bereits gehalten habe, aufgeschrieben. Das heißt, das festgehalten, was eben neu dazu kam. Diese Gedankengänge und ihre satzförmige Ausformulierung erfolgen nicht unwesentlich aus der Eigeninspiration der Situation. Der Schriftsatz steht dem Gesprochenen nahe.

Den Diskussionen verdanke ich sehr viel. Sie zeigen mir, was inhaltlich oder formal verständlich und was unverständlich war. Im Gespräch entwickeln sich Ideen und Formen, wie Unverständliches verständlich dargestellt werden soll. Die Diskussion zeigt auch, worin Verständnisprobleme bestehen. Rückmeldungen und Rückfragen vermitteln eine Chance, die eigene Darstellung zu werten, zu beurteilen und zu verbessern.

12. Die Jahrtausendwende – Rückblick auf das zwanzigste Jahrhundert – Das Jahrhundert des Krieges

2001

Die Jahrtausendwende – kein Grund zu Feiern!
Das zwanzigste Jahrhundert ist das Jahrhundert der Gewalt.
Seine Merkmale sind Militarismus, Aggression und Krieg. Der Imperialismus zerstört Völker und Kulturen. Zuallererst zerstört er die eigene Gesellschaft, denn niemand kann andere zerstören, ohne zuallererst sich selbst zu zerstören. Die Kriegsmacher zerstören alles in ihrer Gesellschaft. Zerstört werden moralische, ethische, kulturelle und humane Werte. Vermittels ihrer von ihnen zerstörten Gesellschaft zerstören sie andere Gesellschaften.
Heuchelei, Hypokrisie, Lüge und Korruption sind zur täglichen Moral geworden.
Nicht derjenige, der lügt, muß sich rechtfertigen, sondern jener, der die Wahrheit sagt.
Brutales zerstört Zärtliches.
Bomben ersticken Hoffnungen.
Die Gewalttätigen vernichten die Friedfertigen.
Krieg, Blut und Leichen sind das Mal dieses Jahrhunderts – mit dem Jahr 1885 beginnend. Die Schuldigen laufen frei herum, weil sie selber Richter sind. Die Opfer werden weiter bekriegt.
Das zwanzigste Jahrhundert ist meine Epoche.
Ich habe dieses Jahrhundert reflektiert und nach Kräften dargestellt. Meine Schriften fällen Urteile, die Urteile der Weltgeschichte und des Weltgerichts.

Meine Lehre kann an dieser Entwicklung nicht vorbei. Es ist eine berufsethische Verpflichtung, die Destruktivität und Aggressivität des Imperialismus aufzugreifen und zu thematisieren. Der Gegenstand „Krieg“ rückt in den Mittelpunkt. Kolleginnen und Kollegen rufe ich dazu auf, Ihren Beitrag gegen Militarismus, für Frieden und Gerechtigkeit zu leisten.

Zur Auswertung und Beurteilung eines verstrichenen Jahrhunderts

2002
Wir schreiten in das einundzwanzigste Jahrhundert und tragen eine schwere Hypothek mit uns. Das ist die eine Seite.
Das zwanzigste Jahrhundert ist nicht ausschließlich die Epoche des Imperialismus. Das ist nur die eine Seite.
Die andere Seite ist der Kampf um Freiheit und Gerechtigkeit. Hervorgebracht hat das zwanzigste Jahrhundert auch den antiimperialistischen Widerstand. Es ist das Jahrhundert der Befreiungsbewegungen und der Unabhängigkeit der Völker. Das ist die positive, konstruktive Seite des verstrichenen Jahrhunderts.
Wir leben in einer gespaltenen Welt. Die eine Seite ist imperialistisch destruktiv, die andere ist antiimperialistisch konstruktiv. Es liegt an uns, die Zukunft zu bestimmen. Alle Menschen guten Willens sind aufgerufen, sich zu vereinen gegen Imperialismus und Krieg. Ziel ist, eine Welt der Gerechtigkeit aufzubauen, in der sich niemand vor irgend etwas zu fürchten braucht.

Publikationen 2002
Karam Khella, Die gespaltene Welt, Hamburg (3. Aufl.) 2002, 276 S. ISBN 978-3-921 866-90-1
Karam Khella, Die Imperialismustheorie, in: Risāla, Bd. 5, Hamburg und Bremen 2002, SS. 11-162. ISSN 1431-6293
Karam Khella, al-ʿAql al-muhasar, Hamburg 2002. ISBN 978-3-921 866-81-2
Karam Khella, Afghanistan, in: Risāla, Bd. 5, 2002. SS. 190-246. ISSN 1431-6293
Karam Khella, Brief an die „Deutsche Rektorenkonferenz", Wiedergabe in: Risāla, Bd. 5, 2002, Seiten 370 bis 375. ISSN 1431-6293

Interviews
Karam Khella, Weltprobleme am Anfang des dritten Jahrtausends, Interview für Risāla, Bd. 5, 2002, SS. 163-182. ISSN 1431-6293
Karam Khella, Nach dem letzten – Vor dem nächsten Krieg, Interview für Risāla, Bd. 5, 2002, SS. 183-189. ISSN 1431-6293

Ein kalendarischer Aberglaube – Die Jahrtausendwende

2003
Ganz links eine 2, bisher waren es 19, zuletzt 1999. Wir müssen uns umgewöhnen. Die „Jahrtausendwende" ist reiner Aberglaube.

Will man die Kalenderchronologie auf Jesus beziehen, so fehlen historisch greifbare Anhaltspunkte. Es gibt keinen einzigen Beleg für das Geburtsdatum Jesu. Nach Materiallage kann niemand beweisen, daß er – von der letzten Jahrtausendwende aus gesehen – vor exakt zweitausend Jahren geboren worden sei. Sein alljährlich gefeiertes Geburtsfest (Weihnachten) ist eine willkürliche Festlegung, das auf konstruierten Berechnungen beruht. Feste soll man schon feiern, wie sie fallen, aber sie nicht als Mittel chronologischer Fälschungen nutzen. Chronologisch betrachtet ist die Jahrtausendwende eine reine Fiktion. Die behauptete Terminierung läßt sich chronologisch nicht verifizieren.
Gleichwohl benutzen wir mit Vorbehalt das kalendarische Konstrukt in ihrem Geltungsbereich zur Erleichterung der Verständigung.

Indes halten wir daran fest, daß Jesus eine historische Person ist. Seine Passion und Kreuzigung sind authentisch. Die Kindheitsevangelien hingegen sind eine Übertragung aus dem Horuskult. Ebenso das gewählte Geburtsdatum. Der Name „Hur" wurde schlicht durch „Yasū'" ersetzt. Zur Geburt Jesu übernahm man das symbolische Geburtsdatum des Horus, nämlich am Tage der Sonnenwende, dem ersten Tag der länger ist als der vorausgegangene. Dem Hur verdankt Jesus auch seinen zweiten Namen „Christus". Mit dem Aufstieg der Koine in der Ptolomäerzeit hat Horus zusätzlich den Namen „Harpokrates" bekommen. Daraus ist „Christos" geworden.
Nun ist die „Jahrtausendwende" mit ihrem inszenierten Spektakel hinter uns – Gott sei Dank!

Vorlesungen und Seminare
SS 2003 Gastvorlesungen am Fachbereichen für Geschichte und am Fachbereich für Translationswissenschaften an der Universität Graz, Österreich.
WS 2003/04 Tätigkeit als Sportarzt

Publikationen 2003
Karam Khella, Jesus und die Ursprünge des Christentums, Hamburg (1. Aufl.) 2001, (2. Aufl.) 2003, ISBN 978-3-921866-88-X

Ausblick auf das dritte Jahrtausend

2004
Mein wissenschaftliches Werk steht im Zeichen der Suche nach der Wahrheit und ihrer Wiedereinsetzung. Mein Leben habe ich dem Bemühen um die Wiederherstellung von Gerechtigkeit, Freiheit und Humanismus gewidmet. In Wort, Schrift und Aktion bin ich dafür eingetreten. Die Stimme muß in Wort und Schrift besonders dann und dort erhoben werden, wo es um den Sieg dieser Ideale geht.

Ich blicke auf den Globus. Er ist nicht der einheitliche Körper, der alle Völker in Liebe vereint. Zu Lebzeiten existiere ich in einer gespaltenen Welt. Der Wiederherstellung der Einheit widme ich mein Leben.

Zeitlebens vertraute ich darauf, daß ich die Verwirklichung dieser Ideale erleben werde. In meiner Jugend nahm ich an, wenn ich das Alter erreiche, das ich heute habe, ist es soweit. Die Menschen werden wie Geschwister, wie Brüder und Schwestern, zusammenleben.

Jetzt weiß ich, daß ich die Utopie wahrscheinlich nicht erleben werde, sicher aber eine Generation unserer Nachkommen.

Publikationen 2004
Karam Khella, Marx, un Mythe – Une biographie critique de l'histoire et de la politique – Remarques sur la révision de l'histoire et de la théorie traduction de l'allemand par Jürgen Brankel, Hamburg 2004. ISBN 3-921866-60-X
Karam Khella, Die Universalistische Theorie und das Erkenntnisproblem, in: Risāla – Jahrbuch für Theoriebildung, Geschichtsrevision, Eurozentrismuskritik und antiimperialistische Solidarität, Nr. 4, 2004, SS. 23-44).

Priorisierung

2005

Schwerpunkt meiner Tätigkeit seit der Jahrtausendwende ist das Schreiben. Die Priorisierung ist durch die Notwendigkeiten bestimmt. Es gibt noch Forschungs- und Literaturlücken, die geschlossen werden müssen. Mein Projekt, das im Zeichen „Wissenschaftlicher Opposition und Gegenöffentlichkeit“ ins Leben gerufen wurde, hat einen beachtlichen Teil meiner Lebensmission eingelöst, möge der übrige Teil des Auftrags absolviert werden, so gut mir Gott helfe.

Aus der Einsicht in die Notwendigkeiten gestaltet sich die Priorisierungsliste folgendermaßen:

Erstens – Fortsetzung der Theoriearbeit bis zum zufriedenstellendem Abschluß.
Das Programm gestaltet sich zweiteilig:

a) ***„Theoriekritik“***, darunter Kritik des Marxismus, aber auch anderer Theorien.
b) ***„Theoriebildung“*** als Alternative, das heißt Vervollständigung des Universalismus.

Zweitens – ***„Krieg“***. Fragen des Kriegs und des Friedens. Dieser Themenkomplex ist mit Abstand der wichtigste Bereich meiner langjährigen Lehrtätigkeit. Nun soll der Inhalt der mehrsemesterigen Vorlesungen in gedruckter Form der breiten Öffentlichkeit vorgelegt werden.

Drittens – „***Wissenschaftskritik***“.

Viertens – ***„Anthropologie“***. Auch dieses Werk soll zweiseitig sein: Gegen die Zerstörung des Menschen und für die Rehabilitierung des Menschen. Darum soll das Menschenbild aus universalistischer Sicht neu behandelt werden.

Fünftens – ***„Spiritualität“***.

Alle sind theoretische Arbeiten und Analysen.
Alle sind Praxis.

Das Wort solle sich in Tat umsetzen.

Das gilt auch für meine historischen Arbeiten. Ich schreibe Geschichte für die Gegenwart. Die Geschichte ist Gegenwart.
Die Gegenwart erklärt sich aus der Geschichte.
Ich schreibe Geschichte für die Zukunft.
Die drei Dimensionen der Zeit – Vergangenheit, Gegenwart und Futurum– bilden die Einheit der Zeit.

Ich habe Aspekte der Universalgeschichte einschließlich der Gegenwart analysiert und daraus die Konsequenzen für das Handeln abgeleitet.

Geschichte für uns – hier und heute. Fehlabläufe der Geschichte sind eine Warnung an unsere Zeit. Sie mahnen zur Revision und Korrektur.
Die Geschichte enthält aber auch Vorbilder und reale Utopien. Diese verdienen eine Renaissance, zu der auch ich beitragen möchte.
Die Not unserer Gegenwart ist der Tiefstpunkt der gesamten bisherigen Menschheitsgeschichte.

Ich finde mich nicht damit ab, daß das Böse über das Gute herrscht. Freiheit für die Völker, Gerechtigkeit für alle und Eintracht müssen wieder einkehren und etabliert werden. Meine Arbeiten mögen als Marksteine auf dem Weg dazu dienen.

Dualismus und Krieg müssen gebannt werden. Universalismus, Humanismus und Einheit sind die Alternative und die einzige Chance zum Überleben.

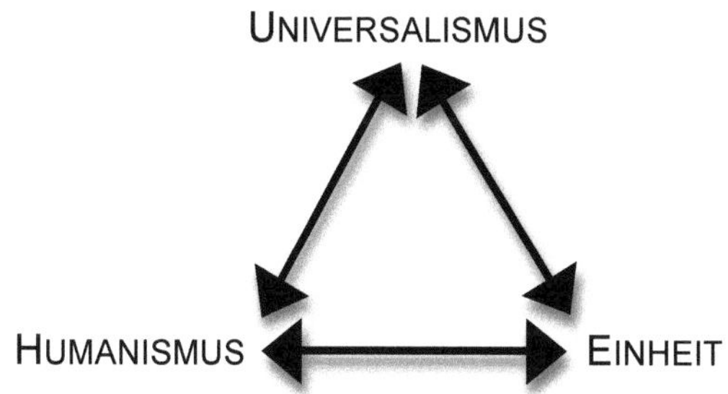

Publikationen 2005
Karam Khella, Üniversalist tarih, ins Türkische übersetzt von Ismail Kaygusuz, Istanbul 2005, ISBN 975-6709-45-6

Atavismus

2006
Im Rückblick muß ich feststellen, daß die öffentliche Freude und der Wunsch nach oppositioneller Wissenschaft im abgelaufenen Jahrhundert viel intensiver bestanden hat, als im jetzt laufenden einundzwanzigsten Jahrhundert.
Die Studentenvertretungen (AStA, Asten, Studentenparlamente, Fachschaften) waren fortschrittlich und alternativ orientiert. Sie organisierten von sich aus alternative Lehrangebote und beauftragten mich, diese über Tage, oder als ein ganztägiges Seminar durchzuführen. Eine andere Form war die Einrichtung „Kritische Universitäten". Diese Formen des selbstorganisierten Lernens finden jetzt viel weniger als früher statt. Die wichtigsten Gründe dafür sind:

a) Entpolitisierung und Desensibilisierung für Wesentliches.
b) Die „Studienreform" hemmt die Studenten vor Aktivitäten und Organisierung von außerplanmäßigen Veranstaltungen.
c) Das Bachelor-Studium, Regelstudienzeiten und die Reglementierung der Ausbildung.

Publikationen 2006
Karam Khella, Arabische und islamische Philosophie und ihr Einfluß auf das europäische Denken, Hamburg 2006, 416 S. ISBN 978-3-921-866-98-7

Karam Khella, Schatten über den Libanon, in: ... Und wo ist Palästina? herausgegeben von: Dar al Janub, Wien 2006, SS. 72-80. ISBN 3-9502184-0-8, ISBN 978-3-9502184-04

13. Der Autor und sein Werk

2007
Jedes Buch hat eine unterschiedlich lange Vorgeschichte. Bis zur Vorlage eines druckreifen Manuskripts durchläuft die Herstellung durch den Autor mehrere Etappen. Jede Etappe leitet selbsttätig die nächste ein.

Erste Etappe, „Vorüberlegungen" – Die erste Etappe der Entstehungsgeschichte ist bestimmt durch eine lange Zeit von „Vorüberlegungen". Selten handelt es sich um Minuten, Stunden oder Tage. Eher sind es Monate, Jahre oder gar Jahrzehnte. Es kommt auch vor, daß ein Buch erst entsteht, nachdem der Urheber ein Leben lang über das Projekt nachgedacht hat.
Die erste Etappe endet mit dem Entschluß, Vorarbeiten in Form von schriftlichen Aufzeichnungen einzuleiten.

Zweite Etappe, „Aufzeichnungen" – Damit beginnt die zweite Etappe, nämlich den „Aufzeichnungen". Es werden Stichworte, Satzteile (Phrasen), unvollständige und vollständige Sätze. Es wird versucht, Absätze oder Abschnitte aufzusetzen.

Dritte Etappe, „Verschriftung" Text – Mit Beginn der Abfassung von Texten und ihrer Zusammenstellung zu einzelnen Abschnitten oder gar Kapiteln und Unterkapiteln wird ein Markstein in der embryonalen Entwicklung des Buches gelegt. Aber auch dann kann man über die Zukunft des Projektes nichts Verbindliches sagen. Der Weg bis zur Erstellung eines ersten Entwurfes ist noch lang, voller Wendungen und Windungen. Unvorhergesehene Problemlagen können unerwartete Wirkungen auf die Zukunft des Projektes haben. Mit Überraschungen unterschiedlicher Arten muß man rechnen (z.B. das Auftauchen eines Buches auf dem Markt mit identischer oder ähnlicher Thematik). Verschiedene Umstände können den ganzen Plan radikal ändern oder gar in Frage stellen. Ich schätze, daß die Zahl begonnener, aber nicht vollendeter Manuskripte die Zahl derer, die publiziert wurden, massiv übersteigt.

Vierte Etappe – „Exposé und Entwurf": Die vierte Etappe der Vorgeschichte ist gekennzeichnet durch Aufstellung eines Exposé mit

klarer Konzipierung des Werkes. Es stellt präzisere Überlegungen über die nähere Struktur des Buches und seinen Aufbau dar.
Das Exposé vermittelt eine Vorstellung vom Konzept des Buches und dem Arbeitsplan bis zu seiner endgültigen Fertigstellung. Im Exposé sagt der Autor etwas über seine Motive, die ihn zu diesem Buchprojekt geführt haben. Das Exposé umfaßt die Grundlage des Buches, die Absichten und die Erkenntnisziele des Autors. Zum Exposé gehört auch ein Arbeitsplan.
Wichtig ist zu betonen, daß ein „Exposé" in keiner Weise als eine verbindliche Vorstellung über die endgültige Form des Buches angesehen werden darf. Mit jeder weiteren Arbeit am Projekt stellt der Autor fest, daß Änderungen am Exposé vorgenommen werden müssen. Möglich ist, daß am Ende kein Stein vom ursprünglichen Exposé auf dem anderen stehen bleibt. Diese Flexibilität und Freiheit muß sich der Autor vorbehalten.

Fünfte Etappe, „erster Entwurf": An einem Punkt der Entwicklung wird der Grad der Entschlossenheit und Sicherheit über die Vollendung des Buchprojektes deutlich. Der Aufbau liegt vorläufig endgültig vor. Es folgt die vierte Etappe gekennzeichnet durch die Erstellung eines ersten Entwurfes des Buchprojekts.

Sechste Etappe, „revidierter Entwurf": Der erste Entwurf vermittelt dem Autor einen Eindruck vom Reifegrad seines Projektes. Unter anderem stellt er fest, in wieweit sich der Entwurf mit seinen Vorstellungen von der beabsichtigten Publikation deckt: Soll er sein Konzept ändern? Oder weiter arbeiten am Projekt?
In aller Regel genügt *ein* Entwurf nicht. Der Verfasser arbeitet weiter, bis Idee und Realisierung miteinander übereinstimmen. Er stellt fest: Ein erster Entwurf ist nicht genug.

Siebte Etappe: Damit beginnt die siebte Etappe, das Schreiben des zweiten Entwurfs. Entwürfe folgen so oft aufeinander, bis der Autor die gewünschte Reife seines Buches erreicht. Jeder Entwurf zählt als eigene Etappe.

Ein gutes Buch wird von hinten nach vorn geschrieben. Es beginnt mit der Klarheit über die Erkenntnisziele – die ja erst am Ende des Buches stehen. Die Vorbereitung zur Rezeption der Schlußerkenntnisse fangen schon mit dem ersten Kapitel, der ersten Seite und dem ersten Satz des Buches an. Natürlich werden die Ergebnisse nicht vorweggenommen; das wäre eine große technische Fehlleistung. Die Leser müssen schon in Spannung gehalten werden und geduldig die Ergebnisse abwarten. Sie sollen den ganzen Weg gehen, den vor ihnen der Autor gegangen ist, noch bevor er überhaupt an einen Buchplan gedacht hat. Schritt für Schritt, Kapitel für Kapitel sollen sie die planvolle, systematische, Ableitung verfolgen.

Das Buch wird also anders geschrieben als gelesen. Der Leser fängt vorne, der Autor hinten an. Letzterer schreibt auf ein Endziel hin, das ihm von vorneherein klar sein muß. Dabei legt er die Route und die einzelnen Stationen vom Start bis zur Endstation fest. Im Unterschied zum Autor macht der Leser eine Erkundungsfahrt über einen Weg, den er nicht kennt, dem er aber vertraut.

Was für das gesamte Buch, seine Realisierung und Zukunft gilt, trifft anteilig auf einzelne Kapitel, Abschnitte, Absätze, vielleicht sogar auf einzelne Aussagen zu.

Ergänzende Literatur: Karam Khella lesen, Hamburg 2011-07-01

Publikationen 2007
Karam Khella, La Réalité inventée – Critique de la Critique de l'économie politique, traduction de l'allemand par Jürgen Brankel et Michèle Haselbeck, Hamburg 2007. ISBN 3-921866-60-X

Karam Khella, Die Universalistische Erkenntnis- und Geschichtstheorie, in: Jahrbuch für psychohistorische Forschung, Band 7, hrsg. von: Kurth et al., Heidelberg 2007, SS. 163-180. ISBN 978-3-930978-91-5

Wohnen

2008
Renovierung – Raumgestaltung
Die Gesamtfläche meiner Wohnung ist weniger als 20qm. Sie reicht aber vollkommen zur Erfüllung meiner Bedürfnisse aus: Arbeit, Forschung, Speisung, Schlafen, Ruhen. Bücher und Ordner müssen auf das notwendige Minimum reduziert werden, der Rest wurde in Kellerräume ausgelagert. Gäste kann ich in begrenzter Anzahl empfangen. Die Lage des Hauses ist optimal: Blick auf ausgewachsene

Bäume. Ein Wasserarm, der Goldbekkanal, ein Nebenfluß der Alster, verläuft direkt hinterm Haus, das in einem Naherholungsgebiet liegt. In diesem Block wohnen siebzig Wohnparteien, meist Alleinstehende. Es besteht ein friedliches, gutnachbarliches Verhältnis. Über Jahrzehnte habe ich noch nie einen Streit mit einem der Nachbarn gehabt. Wir begrüßen uns, wenn wir uns über den Weg laufen. Nur zu zwei oder drei Nachbarn hat sich ein freundschaftliches Verhältnis entwickelt.

In meiner Wohnung gibt es absolut keinen Empfang über elektrische oder elektronische Medien. Das hat aber mit der begrenzten Wohnfläche nichts zu tun. Es ist meine prinzipielle Einstellung, keine Informationen oder Unterhaltungsprogramme über die Steckdose zu empfangen. Informationen empfange ich nur über Literatur oder gedruckte Medien, bevorzugt aus erster Hand aus den Schauplätzen der Ereignisse, z.B. über Direktkorrespondenz. In meiner Wohnung existieren also weder Radio, noch Fernsehen, noch Video, noch Internet-Anschluß, noch E-Mail. Ein Telephon ist zwar vorhanden, jedoch ohne Empfang. Nur in dringlichsten Fällen rufe ich kurz an. Fernkommunikation erfolgt nur über die Briefpost.

Bei der Einrichtung der Wohnung habe ich darauf geachtet, daß Bücher, Ordner und Papier in Schränken stehen, die abschließbar sind, wobei es sich nicht um Glas-, sondern um Holztüren handelt. Der Sinn dieser Einrichtung ist, daß nach der Arbeit alle Materialien unsichtbar in die Schränke verschwinden, so daß ich die Beendigung der Beschäftigung auch durch die visuelle Sperre unterstreiche. Es gibt also auch keine freien Regale an der Wand, wo Bücher oder Ordner hätten sichtbar aufgestellt werden können.

An den Wänden hängen weder Bilder noch Kalligraphien.

In dieser Wohnung sind die meisten meiner Werke entstanden.

Publikationen 2008

Karam Khella, Die Universalistische Erkenntnis- und Geschichtstheorie, Hamburg 2008.

Karam Khella, Geschichte der arabischen Völker, Hamburg, (Lizenzausgabe im Nikol Verlag) 2008

Behauptete Armutsbekämpfung und praktizierte Armutserhaltung

2008

Vor der Hartz IV-Zeit wurden Anteile der Bevölkerung, die nicht am „Wohlstand“ teilnehmen als ihres Unglückes eigener Schmied vor-verurteilt. Sie hätten selber ihr Leben unterhalb des Existenzminimums zu verantworten. Von sozialer Ungerechtigkeit und Chancenungleichheit wollte die „Wohlstandsgesellschaft“ nichts wissen. Jene, die im Licht sitzen, wollen jene, die im Dunkeln sind, nicht sehen.

In Ausbildung und sozialarbeiterischer Praxis hatten wir Mühe, uns mit der Wohlstandsillusion auseinanderzusetzen. Jetzt – unter den Hartz IV–Lebensverhältnissen – haben wir Mühe, die Betroffenen zu mobilisieren. Bei der letzten Montags-Demo stand ich allein neben dem Lautsprecherwagen zusammen mit einem unverhältnismäßig großem Aufgebot an Polizei.

Ein großer Anteil der Hartz IV-Empfänger will arbeiten, aber nicht in einem 1-Euro-Job. Die behaupteten Arbeitsbeschaffungsmaßnahmen, sind mehr arbeitspolitische Propaganda als reale praktische Reformen. Dringender Bedarf an Arbeitskräften existiert schon, besonders auf den Gebieten in sozialen und pädagogischen Bereichen, in der Betreuung und Fürsorge für Kinder im Vorschulalter, im Gesundheitswesen und in der Freizeit.

Ich habe an anderer Stelle nachgewiesen, daß die Verwaltung der Armut viel teurer ausfällt als beide Dimensionen – Armut und ihre Selbstverwaltung – aufzulösen. Armut ist überflüssig z.B. durch die Einführung des Grundeinkommens. Die Erfolge der in mehreren Regionen und in verschiedenen Kontinenten durchgeführten Projekte bestätigen diese Feststellung.

Alle imperialistischen Staaten behaupten, die Armut zu bekämpfen. Es gibt aber nicht nur eine Politik der Armutsbekämpfung, sondern auch eine Strategie der Armutserhaltung.

Die Evolution von Theorien

2008
Die Konstitution einer von Grund auf neuen Theorie ist ein leidvoller Vorgang. Kein Weg führt daran vorbei, sich theoretisch zu positionieren. Die Qual rührt daher, daß man von liebgewordenen Ansichten Abschied nehmen muß, weil sie nicht mehr haltbar und doch so festgefahren sind, daß man sich von ihnen nicht all zu gern trennt.

Jede wissenschaftliche und philosophische Leistung hängt von einer klaren theoretischen Orientierung und einer festen intellektuellen Basis ab.

Mein Kopf ist mit der Theoriefrage voll beschäftigt. Im Mittelpunkt reifen die einzelnen Prinzipien einer Geschichtstheorie aus. Die Konzeption und Konstituierung einer historischen Theorie verdrängt die übergeordnete Metaebene, nämlich Epistemologie und Erkenntnistheorie. Ich entschließe mich, die Konsequenzen aus meinem eigenen Erkenntnisweg zu ziehen. Die Konstituierung einer neuen Theorie.
Ich entschließe mich dazu, mit der historischen Theorie zu beginnen, da ich mich auf Geschichtsgebiet am sichersten fühle.
Die Priorisierung der Geschichtstheorie erwies sich in vielfacher Hinsicht als sinnvoll und richtig. Alles hat eine Geschichte. Damit ist die Geschichtstheorie sozusagen die Urtheorie.

Als ich die Geschichtstheorie aufgestellt habe, fühlte sich der Kopf frei. Ein Sogeffekt zog die Erkenntnis- und Wissenschaftstheorie nach. Widerstandslos schritten sie in den Freiraum ein. In mir ist plötzlich ein Fieber hochgestiegen, weiter auf dem Theorieweg zur nächsten Station zu fahren.

Der Prinzipienkodex einer Erkenntnis- und Wissenschaftskritik wächst allmählich. In den Vorlesungen und Seminaren referiere ich diese Prinzipien und diskutiere sie mit den Kommilitonen. Dabei stelle ich den Grad der Haltbarkeit der einzelnen Thesen fest. Die Diskussionen mit den Hörerinnen und Hörern und die Rückmeldungen verstärken meine Überzeugung von der Richtigkeit meiner Ansätze, gegebenenfalls müssen welche revidiert, korrigiert oder ergänzt werden. Ich habe den Ehrgeiz, selber mein bester Schüler zu sein.

Die lange Evolution der Erkenntnistheorie

2009
Eine Theorie entsteht nicht über Nacht. Für ihre Evolution nimmt sie eine unterschiedlich lange Zeit in Anspruch. Von der embryonalen Entstehung über die Entfaltung bis zum abgeschlossenen System verstreichen Jahre.

Seitdem die „Universalistische Geschichtstheorie" – 1994 – den Grundprinzipien nach besteht, ist die Frage der Aufstellung der Erkenntnistheorie immer dringlicher geworden. Seit Mitte der 1990er Jahre beherrscht sie meine Überlegungen. Zunächst waren Abschnitte ausgereift. Diese konnte ich im Rahmen meiner Seminare und Vorlesungen vortragen. Abschnittweise konnte ich fertige Stücke im Jahrbuch „Risāla" publizieren (insbesondere: „Khella, Die Universalistische Theorie und das Erkenntnisproblem", in: Risāla – Jahrbuch für Theoriebildung, Geschichtsrevision, Eurozentrismuskritik und antiimperialistische Solidarität, Nr. 4, 2004, SS. 23-44).

Erfreulicherweise war ich einem auswärtigen Druck ausgesetzt. Die Kollegen in der Türkei forderten von mir das Skript der angekündigten Theorie, um den Text ins Türkische zu übersetzen und zu publizieren. Diesem Zwang ist es zu verdanken, daß die Fertigstellung nicht Jahrzehnte, sondern Jahre in Anspruch genommen hat. Die türkische Ausgabe erschien als erste Publikation mit der gedruckten Fassung der Universalistischen Erkenntnistheorie. Sie enthält außerdem die universalistische Geschichtstheorie. (Karam Khella, *Üniversalist tarih,* ins Türkische übersetzt von Ismail Kaygusuz, Istanbul 2005, ISBN 975-6709-45-6, erschienen, bereits 2005. Die später erschienene deutsche Ausgabe ist überarbeitet und erweitert).
1998 erschien die Universalistische Erkenntnis- und Geschichtstheorie in einem Band in deutscher Sprache. Die Erkenntnistheorie in erster, die Geschichtstheorie in dritter Auflage.

Inzwischen hat sich die universalistische Erkenntnis-, Geschichts- und Wissenschaftstheorie in vielen universitären Bereichen durchgesetzt.

Verschiedenes
Der Arbeitgeber

2009
Mein Vater unterhielt ein mittleres Wirtschaftsimperium. Er hatte den Wunsch, daß ich es als sein Nachfolger leite. Als er mir sein Begehren eröffnete, habe ich mich bei ihm in aller Form entschuldigt. Ich wußte, wie sehr ihm daran gelegen war. Ich sagte ihm: „Geliebter Vater, ich möchte nicht in die Wirtschaft“ Er antwortete: „Das Unternehmen gehört Dir. Du wirst ein großer Arbeitgeber sein“.

Von mir wußte ich sicher, daß ich auf keinen Fall in das Geschäftsleben eintreten möchte. Ein Unternehmer will ich nicht sein.
Mein Vater hat meine Entscheidung respektiert, aber nur sehr schwer verkraften können.

Ich bin meiner eigenen Lebensplanung gefolgt.
Ich habe weiter studiert. Ich bin Hochschullehrer geworden. Alles in allem habe ich eine ganz andere Karriere als die meines Vaters eingeschlagen, dem ich übrigens die großzügige Förderung meiner Ausbildung verdanke.

Die weltpolitischen Ereignisse haben mich bewegt. Ich wurde politisch. Meine Einstellungen und politischen Erklärungen gefallen keinem Staat. Verschiedene imperialistische und auch zionistische Stellen setzten und setzen ihre Agenten gegen mich ein. Ihre unehrenhafte Tätigkeit ist vielgestaltig. Unter ihnen gibt es ausgebildete Agenten. Ihr Auftrag besteht darin, in meine Veranstaltungen und selbst in meine akademischen Seminare zu kommen und zu kontern und zu stören. Natürlich habe ich ehrliche Gegner, die ihre Gegenmeinung offensiv vertreten. Diese sind ebenso wie Sympathisanten willkommen. Die überwiegende Mehrheit von Teilnehmerinnen und Teilnehmern sympathisiert mit mir und teilt meine Ansichten. Die oppositionelle Fraktion ihrerseits verhält sich kollegial und solidarisch. Sie hebt sich deutlich ab gegen Berufsstörer, welche sich in das Seminar einschleichen, um die geistige Arbeit zu sabotieren oder gar die Veranstaltung zu sprengen versuchen. Da die große Mehrheit doch konstruktiv mitarbeitet und mitdenkt, stellt sie die Störer vor die Alternative, diszipliniert und konstruktiv zu sein oder

zu gehen. In aller Regel gehen die Störer, umso mehr entlarven sie sich.
Das wissen alle: Jeder ist in meinen Veranstaltungen unabhängig seiner politischen Position willkommen.

Eine andere Methode der finsteren Agenturen ist, zu versuchen, meine Veranstaltungen ganz zu verhindern. Wie oft wurde mir von Veranstaltern und von Einrichtungen mitgeteilt, daß sie unter Druck gesetzt oder gar erpreßt werden mit dem Ziel, keine Räume für meine Veranstaltungen zur Verfügung zu stellen. Bereits zugesagte Hörsäle werden kurzfristig und ohne Angabe von Gründen abgesagt. Mit Scham und hinter vorgehaltener Hand wird manchmal der Hintergrund berichtet. Die Peinlichkeit können sie nicht verbergen.

Diese Vorgänge sind keine Seltenheit. In jedem Bundesland und in jeder Ortschaft mit Bildungseinrichtungen gibt es Personen, die berufsmäßig das Verbot meiner Arbeit und selbst einer Ein-Abend-Veranstaltung durchsetzen wollen. Diese Elemente arbeiten äußerst heimlich und heimtückisch – im Unterschied zu Antiimps und Autonomen, die legitimerweise Auftritte von Faschisten und Neo-Nazis verhindern, zumindest erschweren wollen. Also können und müssen wir differenzieren. Antiimperialistinnen, Antizionisten und ehrliche Antifaschisten arbeiten öffentlich, sogar demonstrativ und setzen sich dadurch der polizeilichen Verfolgung aus. Es sind ganz klare Unterschiede wie Tag und Nacht.

In den Verfassungsschutzberichten lese ich, daß die Mittel für das Bundesamt und die Länderämter für den Verfassungsschutz aufgestockt werden, um ihre Planstellen und ihr Personal zu erweitern. Diese sollen Antiimperialistinnen und Antiimperialisten und auch mich beobachten. Sie sollen meine Äußerungen registrieren.

Ich habe nichts zu verbergen. So arbeiten die genannten Agenturen unnötig kostenintensiv, sogar verschwenderisch. Alles, was ich vortrage, steht in meinen Büchern. Sie sind viel billiger und zuverlässiger als die Berichte von Agenten. Meine Tätigkeit ist transparent. Viele werben für ihre Bekanntmachung.

Wie dem auch sei. Ich bin zum Gegenstand der Arbeit jener finsteren Agenturen geworden.
Mein Vater war ein Prophet. Seine Weissagung ist vollumfänglich eingetreten. Ich bin ein großer Arbeitgeber geworden.

Publikationen 2009
Karam Khella, Die Vorlesungen über den Krieg, erscheinen in drei Lieferungen
Erste Lieferung:
Von den Kreuzzügen bis zur Invasion Afrikas und Asiens, behandelter Zeitraum: 750-1885. Hamburg 2009/10. ISBN 978-3-939710-03-5
Zweite Lieferung:
Erster Weltkrieg, Mythen und Realität, behandelter Zeitraum: 1885-1933, Hamburg 2009/10. ISBN 978-3-939710-04-2
Dritte Lieferung:
Zweiter Weltkrieg, Geschichte und Legende, behandelter Zeitraum: 1933-45. Hamburg 2009/10. ISBN 978-3-939710-05-9
Die vierte und die fünfte Lieferung sind in Vorbereitung.

Einmaliges Geschenk

2010
Seit dem 24. Oktober 1934 bis heute wird ununterbrochen gefeiert.
Als Gastgeber pflege ich die Festtage, welche mit Studientagen synchronisiert werden, mit einer feierlichen Rede zu eröffnen. Sie soll fröhlich, ermutigend und motivierend wirken, wobei auch die Orientierung auf die bevorstehende inhaltliche Arbeit nicht fehlen darf.

Stellvertretend sei ein Auszug aus der – zum Zeitpunkt der Redaktion dieser Memoiren –letzten Geburtstagsrede zitiert.
Am Samstag, dem 23. Oktober 2010, Abend, sagte ich u.a.:

„Ich bin derjenige, vor dem Eure Lehrer Euch schon immer gewarnt haben. Trotzdem seid ihr immer wieder gekommen. Ihr habt's zu verantworten."
(...) „Ich habe ein Geschenk bekommen. Ob seiner Einmaligkeit und außergewöhnlichen Faszination habe ich mich entschlossen, Euch dieses Geschenk zu zeigen. Das ist sicher unüblich, ein spezielles Geschenk herauszustellen, wo heute doch so viele kostbare Geschenke überreicht werden. Diese haben mich tief gerührt. Dafür bin ich sehr dankbar.
Dennoch werde ich von all diesen Geschenken nur eines auswählen und vorzeigen."

Zur Inszenierung: Eine anscheinend überschwere Holzkiste wird mit Hilfe zweier Freunde in den Festraum mühsam hereingeschleppt. Sorgfältig wird ein mehrfach eingepacktes flächiges Objekt aus der Kiste herausgeholt.

Im Saal steigt die Spannung der Gäste.

Nicht ohne die dazugehörige Dramaturgie wird ausgepackt.

Der Inhalt bleibt verborgen. Ich muß eben weiter auspacken.

Auch nach Abnahme mehrerer Umschläge bleibt das geheimnisvolle Geschenk verborgen.

Die Gäste werden immer ungeduldiger. Ich bleibe ruhig und nehme ein Cover nach dem anderen ab.

Endlich wird das Objekt sichtbar.

Es handelt sich um einen schönen Wandspiegel.

Die erwartete Verlegenheit bleibt nicht aus. Die Gäste reagieren gespalten. Sollen sie Mitfreude über das Geschenk zeigen oder handelt es sich um eine Falle. Zwar ein schöner Spiegel, aber doch letztlich nichts Besonderes.

Ich zeige Verständnis für die unklaren Reaktionen und die sichtliche Verlegenheit der Gäste. Sie sollten schon glauben, der Spiegel sei das Geschenk, von dem ich rede. Einige rufen: „Karam, erläutere bitte weiter!"

Karam: „Das ist das Spieglein an der Wand, the Magic Mirror, al-Mir'a as-sihri, der magische Spiegel, der in 1001-Nacht und in den Märchen vorkommt."

Gäste fangen an, Bewunderung und Lob für dieses sonderbare, nicht sonderlich aufregende Geschenk zu äußern.

Karam: „Nein! Der Spiegel ist nicht das Geschenk. ***Aber wenn Du in diesen Spiegel genau hinguckst, dann siehst Du erst das Geschenk, das ich meine.***"

Heitere, nachdenkliche Reaktionen im Raum!

Karam: „Da habe ich aber noch ein zweites Geschenk." Die Hand in die Westentasche gesteckt – ein zweites, fest eingepacktes Objekt wird herausgeholt, wird wieder ausgepackt. Noch ein Spiegel. Der ist aber kleiner als ersterer.

Diesmal blicke ich tief in den Spiegel:

„Was sehe ich denn da?

Wiederum sehe ich in meinem Spiegel nur Euch!"

Zur Theologie Karam Khellas

2010
(nachstehend eine Zusammenfassung von Thesen, die Karam Khella bei einem öffentlichen Vortrag in den Räumen von TuP am 16. Dezember 2010 entwickelt hat.)

Übersicht
1) Inkarnation
2) Soteriologie
3) Die Erlösung geschieht durch die Inkarnation – nicht durch die Kreuzigung
4) Das Mysterion der Inkarnation
5) Vergebung und Rechtfertigungslehre
6) Lehre von „Gott"
7) Theologie ist Anthropologie
8) Der Gottesbeweis

Inkarnation
Gott ist in Jesus Christus Mensch geworden. Jesus hat die Inkarnation wahrgenommen und vollumfänglich realisiert. Jesus war und ist einer von uns. Er ist unser Bruder. Er teilt mit uns seine Menschlichkeit und mit Gott die Göttlichkeit. Menschlichkeit und Göttlichkeit bilden die Einheit der gottmenschlichen Natur Jesu Christi. Jesus vereint in sich die Gottessohnschaft und die Menschensohnschaft. Was für ihn wahr ist, gilt für die Menschen allgemein, denn Jesus ist einer von uns, unser Bruder. Der Mensch ist göttlich.

Soteriologie („Erlösungslehre")
Die Soteriologie ist die zentrale Lehre des Christentums. Die Menschen erlangen das Heil dadurch, daß Jesus für ihre Missetaten am Kreuz gestorben ist. Somit empfangen sie die Vergebung für all ihre Verfehlungen einschließlich der Erbsünde.
Grundlage dieses Glaubens ist der Sühnetod Jesu am Kreuz. Daraus folgt, daß Jesus hätte auf Gottesverheiß sterben müssen. Ohne den Sühnetod Jesu gäbe es keine Erlösung, kein Heil, keine Vergebung.
Die unvermeidliche Konsequenz dieser Glaubensvorstellung müßte sein, daß die Peiniger und Henker Jesu nur Gottes Willen erfüllt und somit eine Heilstat vollbracht haben.
Diese Vorstellungen sind reiner Aberglaube.

Richtig ist: Die Erlösung ist nicht durch die Hinrichtung Jesu, sondern durch seine Menschwerdung erfüllt.
Das Sterben Jesu am Kreuz ist kein Sühnetod, sondern die Folge seiner Praxis, deren Konsequenz die Hinrichtung, er bewußt auf sich genommen hat. Gleichwohl war das Todesurteil ungerechtfertigt. Es gab ein politisches Interesse daran, den Messias physisch zu beseitigen, die korrupte Priesterschaft fühlte sich durch die Worte und Taten Jesu herausgefordert oder gar gestört. Wenigstens müßte man zugeben, daß es sich um einen Justizirrtum gehandelt hat.

Die Erlösung geschieht durch die Inkarnation, nicht durch die Kreuzigung.
Gott verlangt kein Blutopfer. Die Vorstellung vom reinigenden Blut Christi setzt ein Bild von einem Gott voraus, der einen Lohn für seine Menschenliebe verlangt. Er fordere ein Schlachtopfer, sogar den Personentod als Preis für die Vergebung und als Gegenleistung für das Erlösungswerk. Das setzt einen blutrünstigen Gott voraus. Dieser Glaube kommt einer Gotteslästerung gleich.

Das Mysterion der Inkarnation
Durch seine Menschwerdung vollzieht sich die Vereinigung Gottes mit der Menschheit. Gott schließt mit den Menschen einen neuen Bund, der täglich in der Eucharistie erneuert wird.

Nehmt Abschied von einem gefräßigen Gott, der Fleischhunger und Durst auf Blut hat. Der Mensch projiziert eigenes Verlangen auf den Erhabenen.

Vergebung und die Rechtfertigungslehre
Die göttliche Vergebung ist ein Gnadenakt. Sie wird ohne „wenn“ und ohne „aber“ gewährt. Dafür verlangt Gott keinen Preis. Er entschuldet ohne Lösegeld, ohne Opfergaben und ohne Bürgen.
Die Rechtfertigung ist eine göttliche Gnadenleistung, die nicht durch eine Gegenleistung geschmälert werden darf.
Erlösung, Vergebung und Rechtfertigung sind unentgeltlich.

Lehre von „Gott“
Gott kann man mit Negation oder Position beschreiben. Auf jeden Fall ist jede Beschreibung menschlich, zwar auf Gott bezogen, dennoch menschlich gesehen.

Negation: Nicht, was Er ist, sondern was Er nicht ist. Beispiel: Er ist kein personaler Gott.
„Gott“ ist nicht männlich. Man kann ihn „Vater“ oder „Mutter“ nennen und sich auf ihn mit „Er“ oder „Sie“ beziehen. Das bleibt sich gleich. Das grammatische Geschlecht ist auf biologische Wesen bezogen. Die menschliche Sprache hat kein eigenes Geschlecht für Gott vorgesehen. Gott ist geschlechtlich indifferent.
Position, zum Beispiel: Gott ist barmherzig.
Die leitenden Gottheiten im Altertum, allen voran Isis, waren weiblich. Der Urtyp der Trinität bestand aus „Vater, Mutter, Kind“, Osiris, Isis und Horus.

Theologie ist Anthropologie

Es besteht kein Dualismus von Gott und Mensch. Wer die Göttlichkeit verneint, negiert die eigene.

Der Gottesbeweis

Der philosophische Gottesbeweis greift zu kurz. Philosophisch kann man die Existenz Gottes ebenso beweisen wie widerlegen.
Glauben an Gott gewinnt der Mensch durch die Erfahrung mit ihm.
Gott hat viele Zeichen gegeben, so daß, wer an ihn glauben will, glauben kann.
Er hat aber auch vieles offen gelassen, so daß, wer an ihn nicht glauben will, nicht glauben muß.

Feiern ja – aber wie?

2010

Heiligabend, Weihnachten, Neujahr 2010/11

Nirgends habe ich mich in einer Stadt so lange aufgehalten wie in Hamburg. Ich habe es nicht tun müssen. Jedesmal, wenn ich mich beruflich woanders aufgehalten habe, bin ich freiwillig wieder nach Hamburg zurückgekommen.

Ich habe mich daran gewöhnt, die traditionellen Feste und erinnerungsreichen Tage zwischen den Jahren meditativ zu verbringen, früher in koptischen Klöstern, später in Hamburg. Ich fühle mich dabei wohl, nicht am Weihnachtskonsum oder am Silvesterrummel teilzunehmen. Ich ziehe mich zurück und genieße die Retraite.

In diesem Jahr – 2010 – ist die Freude zwischen den Jahren eine besondere. Wir feiern öffentlich. Am 30. Dezember 2010 bieten wir im TuP-Verlag ein Programm mit Harfe, Poesie und Prosa von Mahmud Darwish und Frau Kauthar Abu-Hani an.

Publikationen 2010

Karam Khella, Zur Philosophie Afrikas aus universalistischer Sicht, in: Bouba, Quintern (Hg.), Das Bild von Afrika – Interdisziplinäre Beiträge zum Afrikabild in den Wissenschaften, Berlin 2010.
Karam Khella, Theorien und Theoreme über den Krieg, in: Risāla – Jahrbuch für Theoriebildung, Geschichtsrevision, Eurozentrismuskritik und antiimperialistische Solidarität, Risāla 7, Bremen und Hamburg, 2010. ISSN: 1431-6923
Karam Khella, Was ist Krieg? in: Risāla – Jahrbuch für Theoriebildung, Geschichtsrevision, Eurozentrismuskritik und antiimperialistische Solidarität, Risāla 7, Bremen und Hamburg, 2010. ISSN: 1431-6923
Karam Khella, Der Krieg nach dem letzten und vor dem nächsten Krieg,
die Rede von Karam Khella auf dem KZ Gelände Esterwegen aus Anlaß des 60sten Gedenktages des Niederganges des Faschismus und der Befreiung der in den KZs inhaftierten Antifaschisten, gedruckt in: Risāla – Jahrbuch für Theoriebildung, Geschichtsrevision, Eurozentrismuskritik, und antiimperialistische Solidarität, Risāla 7, Bremen und Hamburg, 2010. ISSN: 1431-6923
Karam Khella, Ethnozentrismus, Partikularismus, Imperialismus, in: Risāla – Jahrbuch für Theoriebildung, Geschichtsrevision, Eurozentrismuskritik und antiimperialistische Solidarität, in Risāla 7, Bremen und Hamburg, 2010. ISSN: 1431-6923
Karam Khella, Zur Geschichte Gazas, in: Risāla – Jahrbuch für Theoriebildung, Geschichtsrevision, Eurozentrismuskritik und antiimperialistische Solidarität, Risāla 7, Bremen und Hamburg, 2010. ISSN: 1431-6923
Karam Khella, Israelisches Massaker am palästinensischen Volk, in: Risāla – Jahrbuch für Theoriebildung, Geschichtsrevision, Eurozentrismuskritik und antiimperialistische Solidarität, Risāla 7, Bremen und Hamburg, 2010. ISSN: 1431-6923
Karam Khella, Harm ist tot! Harm lebt! in: Risāla – Jahrbuch für Theoriebildung, Geschichtsrevision, Eurozentrismuskritik, und antiimperialistische Solidarität, Risāla 7, Bremen und Hamburg, 2010. ISSN: 1431-6923

Krammer, Jenseits der Mythen – Imperialismus – Zionismus – Faschismus, Eine Quellenrecherche über die Geschichte einer Kontinuität, Vorwort vom Karam Khella Hamburg 2010. ISBN: 978-3-939710-02-8
Karam Khella, Die Welt und Palästina, Hamburg 2010. ISBN 978-3-939710-08-0.

14. Die Krise der Wahrheit
Die Herrschaft der Lüge
und die Krise der Wahrheit

2011

Ich erkannte die weit verbreitete Korruption der Informationspolitik. Die Menschen werden manipuliert. Ihnen wird eine Vielfalt der Information suggeriert, real werden sie zum Einheitsdenken gezüchtet. Homogene Kanäle, Presse, Berichterstattung durch printed Media, digitale Vermittlung und Telekommunikation, formatieren die Empfänger zu Nachbetern einer vorprogrammierten Matrix. Auch Schulbuch und Lehrwerk machen keine Ausnahme. Die Multiplikatoren werden manipuliert. Die Lehrerausbildung und -fortbildung produziert manipulierte Manipulatoren.

Vertreterinnen und Vertreter der Wahrheit sind weit in der Minderheit. Ihnen gegenüber stellt sich die Übermacht der Medien. Niemand kann sich vor der Entscheidung drücken. Die vermeintliche Ohnmacht täuscht. Die Front der Wahrheit ist mächtiger, da moralisch überlegener. Ich nahm mir vor, die Wahrheit zu sagen und laut zu verkünden, gleichgültig ob sie gewollt oder nicht, begrüßt oder beschimpft, applaudiert oder bestraft wird. Unermeßliche Freude empfinde ich, wenn ich und meine Worte akzeptiert werden.

Die Wahrheit muß durchgesetzt werden.

Ich habe mir vorgenommen zu schreiben, damit die Wahrheit weiter gereicht wird. Sie soll Menschen erreichen, die ich in Person nicht erreichen kann. Nur sehr minoritär setzt sie sich durch.

Die Wahrheit soll mich überleben können – durch die Kulturtechnik der Schrift. Irgendwann wird sie siegen – vielleicht nicht zu meinen Lebzeiten.

Aus wahrhaftigem Wort, muß Wirklichkeit werden: Gerechtigkeit, Freiheit, Verschwisterung, Brüderlichkeit.

Die Wahrheit

Die Wahrheit ist isoliert. Sie ist bedroht, total zu verschwinden. Jesus sagt: „Ich bin der Weg, die Wahrheit und das Leben". Dieses Logion mache ich mir zum Leitsatz.
Als Beitrag zur Rettung der Wahrheit stifte ich einen Preis unter dem Titel:

„Der Karam Khella Preis für die
Vertreter, Verbreiter und Verteidiger
der Wahrheit"

Preisträger sollen Menschen sein, die außergewöhnliche Leistungen erbringen zur Bekanntmachung und Verteidigung von Wahrheiten, die der Öffentlichkeit vorenthalten und von den Medien verschwiegen werden.
Gestiftet und erstmalig verliehen wurde der Preis im Jahr 2011.
Der Preis wird einmal jährlich unter Ausschluß des Gerichtsweges vergeben.
Kandidaten sind sieben Milliarden Menschen. Jede und jeder ist potentielle-r Träger-in des „Karam Khella Preises", erstmalig verliehen am 6. Januar 2011.

15. Die deutsche Sprache Mängel und ihre Kompensierung

2011
Übersicht
1. Einleitung – zur Problemstellung
2. Das grammatische Geschlecht „Gender“
3. Sprachdialektik
4. Die Hälfte des Himmels klagt ihren Anteil an der Sprache ein
5. Was tun?
6. Definitionsmacht
7. Communis

1. Einleitung – zur Problemstellung

Als Mann kann man die Frau nicht genügend ehren. Wenn man sie in deutscher Sprache anspricht, hat man Probleme. Auch die Frau selbst hat Probleme: Die geprägte Sprache ist nicht ihre, sondern seine Sprache.
Ich persönlich bin von Natur aus sprachbewußt und achte darauf, den beiden Geschlechtern auch grammatisch gerecht zu sein.
Die linguistische Diskriminierung der Frau ist nicht isoliert zu sehen. Die Probleme des deutschen Ausdrucks sind vielfältig. Militarismus dominiert. Bereits bei einfachen Ausdrücken wird auf den Kriegsdiskurs nicht verzichtet („in Angriff nehmen“).
Eine Sprachrevision ist notwendig. Erforderlich ist ein unvoreingenommener, vorurteilsfreier Diskurs.
Die Stellung der Frau im Deutschen ist symptomatisch für die Beziehung des Deutschen zu anderen. Neutrale, wertfreie einfache Pronomina werden rassistisch geprägt („wir“/„ihr“).

Dringender Revisionsbedarf besteht in der Rede über andere, insbesondere außereuropäische Völker.
Beim Spracherwerb verinnerlichen die Kinder bereits im präreflektierten Stadium „Rassismus“, „Sexismus“ und „Militarismus“. Die semantische Gewalt wird mit der Muttermilch eingesogen und geht in Fleisch und Blut über.
Das Sprachinstitut Duden ermahne ich, von jedem Bestreben zur Nivellierung der Sprache Abstand zu nehmen. Beispiel: Duden empfiehlt „als“ und „wie“ semantisch gleich zu behandeln. Diese Empfehlung ist eindeutig falsch:

„wie“ ist eine Partikel, welche die „Gleichsetzung“ bezeichnet. „als“ hingegen bezeichnet einen Vergleich.

Deutsch hat aber auch seine Stärken. Im Vergleich zu anderen Sprachen, z.B. Französisch, bietet es mehr Synonyme. Die einzelnen Lexeme sind in der Regel semantisch präzise gefaßt.

2. Das grammatische Geschlecht, „Gender“
Alle drei Konjugationen des Plurals haben keinen besonderen Status für die Frau vorgesehen, als bestünde die Menschheit aus einem einzigen Geschlecht, wahrscheinlich dem männlichen.

Nur die 3. Person Singular hat ausnahmsweise ein Pronomen „sie ist“ (…), aber keine besondere Konjugation für die Frau vorgesehen:
Er schreibt.
Sie schreibt.

Die Frau verschwindet bei der 1. Person. Liest man den Satz „ich bin fleißig“, kann man nicht wissen, wer spricht, eine Frau oder ein Mann.
Auch die 2. Person hat keine besondere Konjugation für die Frau.
Bei allen anderen Konjugationen gerät die Frau hinter den Mann.
Dieses Phänomen wiederholt sich bei den Deklinationen.
Deutsch kennt das grammatische Geschlecht „*Gender*“.
Doch hält sich die Geschlechterdifferenzierung in engen Grenzen. Sagt man z.B. „Du bist schön“, so ist es unklar, ob in diesem Fall die 2. Person feminin oder maskulin ist.

3. Sprachdialektik
In der deutschen Sprach fehlt der Dual total, damit ist eine scharfe dialektische Ausdrucksweise nicht möglich.
Diese Mängel der deutschen Sprache lassen sich durch eine linguistische Revision wenigstens teilweise kompensieren.
Darum bemühe ich mich.

Mit diesen Mängeln zum Beispiel in bezug auf den Dual steht die deutsche Sprache nicht allein. Er verschwindet in den meisten anderen Sprachen. Das einzige Medium mit eindeutigem Dual ist das Arabische.

4. Die Hälfte des Himmels klagt ihren Anteil an der Sprache ein
Besonders kritisch im Deutschen ist das Fehlen eines frauengerechten Ausdrucksvermögens.
Dieser Mangel wird von Feministinnen und in der Szene unterschiedlich behandelt. Ein Konsens besteht nicht.

5. Was tun?
Zuallererst müssen die Mängel präzise diagnostiziert werden.
Bei der Pluralbildung der Substantive besteht im Deutschen die Möglichkeit, Feminin und Maskulin zu unterscheiden. Was passiert aber, wenn die Bezugsgruppe geschlechtlich gemischt ist?

Naheliegend ist eine Doppelbenennung: Lehrerinnen und Lehrer, Schülerinnen und Schüler usw. Das ist sicher eine gute Lösung. Bei häufiger Wiederholung kann sie jedoch bald schwerfällig werden. Wenn die Bezugsgruppe oft angesprochen wird, halten es die Autoren und selbst strenge Feministinnen nicht durch.

6. Definitionsmacht
Der Mensch besitzt über die Sprache Definitionsmacht. Sie erlaubt uns, semantische und syntaktische Definitionen einzuführen, die geeignet sind, strukturelle Mängel der Sprache zu kompensieren oder neu empfundene Bedürfnisse auszudrücken.
Aus der Tradition der deutschen Sprache lassen sich in gewissen Grenzen Regelungen aufstellen, welche gewisse Mängel auszugleichen versuchen.
Beispiel: „Student“, „Studentin“. Eine Lösung sei: Statt von „Studentinnen und Studenten“ (eine Anrede, die in gewissen Situationen mehrmals hintereinander wiederholt werden muß)zu sprechen, sagen wir die „Studierenden“. Das ist sicher eine elegante Lösung, die sich aber leider nicht verallgemeinern läßt.

7. Communis
Dieses Problem hätte nicht bestehen müssen. Als Lösung kann die deutsche Sprache dem Vorbild des Arabischen folgen und das Communis einführen. Es ist die grammatische Form, die sich auf beide Geschlechter bezieht.
Das Fehlen des Communis in einer Sprache hinterläßt ein großes Loch.
Eine Möglichkeit sei, eine Form zu finden, die sich als „communis“ eignet. Man kann durchaus „Studenten“ sagen und beide Ge-

schlechter meinen, wenn „Studenten“ als communis umdefiniert wird, ansonsten müßte man eine neue Wortbildung einführen.

Wir sagen „Gott“ und behandeln ihn grammatisch, als wäre er männlich, obwohl „Er“ geschlechtlich indifferent ist. Wir können ihn gleichberechtigt mit „Mutter“ oder „Vater“ im Himmel anreden.
„Man“ ist ein unpersönliches Pronomen. Es ist nach Numerus und Geschlecht unbestimmt. „Wer“ und „wie viele“ wird nicht genannt.
Das Pronomen „man“ ist nicht männlich. Die Annahme, es sei maskulin, ist etymologisch ein Irrtum. Ich benutze zwar ersatzweise die pronominale Erfindung „mensch“; das ist aber nicht notwendig, wenn man sich darauf einigt, was übrigens korrekt ist, daß „man“ geschlechtlich neutral ist.

Was mich betrifft, bin ich meine eigenen Wege gegangen. Ich mache Gebrauch von der Möglichkeit der Verwendung von Formen, die eigenmächtig als „Communis“ umdefiniert werden.
„Leserschaft“ eignet sich durchaus als Communis. Die Wiederholung „Leserinnenschaft und „Leserschaft“ ist sicher nicht besser. Wenn ich die „Lehrerschaft“ sage habe ich die Lehrerinnen unter dem männlichen Geschlecht bestimmt nicht subsumiert.

Die deutsche Schriftsprache
Die Rechtschreibung

Bei der Kodifizierung der deutschen Schriftsprache wurden Regeln aufgestellt, die seit der Reform von 1900 bis heute nie über weite geographische oder Zeiträume hinweg bleibenden Konsens erfahren konnten. Gleichwohl sind sie deshalb nicht sinnlos.
Die Regeln der Rechtschreibung können dem Urheber eines Textes die letzte Entscheidung nicht abnehmen.
Entscheidungen über die Rechtschreibung sind nicht nur eine linguistische, sondern auch eine inhaltliche Frage.
Kombinierte Begriffe können getrennt oder zusammengeschrieben werden, wobei sich jeweils die Bedeutung ändert. Analog trifft es auf die Groß- und Kleinschreibung zu.
Die Kommissionen für die Rechtschreibung unterstehen in Deutschland der Kultusministerkonferenz (KMK). Ihre Entscheidungen kann ich nicht in jedem Einzelfall teilen.

Man muß tief in das Wesen der deutschen Sprache eindringen, um adäquate Regeln für ihre Verschriftung aufzustellen. Auffällig ist, daß, je älter die Kodifizierung und Novellierung der Regeln sind, umso kompetenter sind sie. Die jüngsten Rechtschreibreformen haben vieles nivelliert und verflacht, was offensichtlich auf mangelndem Verständnis des Deutschen beruht.

Schon länger habe ich im Alleingang einen eigenen Kodex für die deutsche Rechtschreibung aufgestellt, den ich im übrigen weiterempfehle. Diese Richtlinien sind am besten an den Texten selbst nachvollziehbar. Nachstehend liste ich einige Regeln und Anmerkungen auf, die ich für wichtig halte. Sie werden in meinen Schriften streng eingehalten. Schon unter diesem Aspekt ist es erforderlich, der Leserschaft die orthographischen Prinzipien zu erläutern.

Bei Lehn-, Fremd- und fremdsprachigen Wörtern sind die Herkunftssprachen entscheidend; Ausnahme: Eingedeutschte Wörter.

Bei der Orthographie von Begriffen aus alten Sprachen muß unbedingt die Originalschreibung berücksichtigt werden. Wenn im Original unterschiedliche Buchstaben stehen, muß die Transkription diesen Unterschied kenntlich machen.
Die deutsche Fachsprache hat viele Begriffe aus der Koine (fälschlich als „Altgriechisch“ bezeichnet) übernommen.

Beispiel:
Unterschieden werden müssen „ph“ versus „f“, „th“ versus „t“.
Das „theta“ der Koine soll im deutschen Text grundsätzlich mit th, das „tau“ der Koine mit t wiedergegeben werden.

Es ist unzulässig, wenn t statt th oder p statt ph geschrieben werden, wenn im Original ϑ (Theta; achter Buchstabe des Koine-Alphabets) bzw. φ Phi (einundzwanzigster Buchstabe des Koine-Alphabets) steht. Tau und Theta wurden unterschiedlich gesprochen. Sie sind nicht austauschbar. Ein Schreibfehler kann zu erheblichen Sinnentstellungen führen. Gleiches gilt für P/Ph. Ihre Gleichsetzung kommt der Legasthenie sehr nahe. Bedauerlicherweise sind diese und andere Fälle von Nivellierungen in der letzten Rechtschreibreform kodifiziert worden.

Insgesamt ist bei Fremdwörtern die Originalschreibung für die von uns gewählte Schreibweise im deutschen Text maßgeblich.

Die Entscheidung hängt vom Ursprung des Wortes ab. Die aussprachliche Gleichsetzung in der deutschen Hochlautung ändert nichts daran, daß es sich um unterschiedlichen Ursprung handelt. Dieser Unterschied muß in der Schreibung kenntlich gemacht werden, auch wenn er in der Aussprache nicht gemacht wird.

Fremdsprachige Wörter werden klein geschrieben, wenn sie als Vokabeln (Lexeme) erläutert werden. Wenn sie im Text inhaltlich verwendet sind, werden sie wie deutsche Wörter behandelt.

Im übrigen wird es mich sehr freuen, wenn die von mir empfohlenen, in meinen Schriften verwendeten Richtlinien für die Rechtschreibung als Norm angenommen werden. Sie entsprechen dem Eigencharakter der deutschen Sprache.

Etymologien

„Etymologie" ist das Fachgebiet, welches die Herkunft und Entwicklung eines Wortes, dessen Abstammung, und seine Rückführung auf den Wortstamm unter Bestimmung der Originalsprache behandelt; Bestimmung der ursprünglichen Bedeutung eines Wortes, Bestimmung des Stammwortes (des Etymons) und der Bezugssprache.

Die Etymologie ist ein Stoffgebiet der Linguistik. Man denke hier an ein wertfreies Fachgebiet, wo die Ideologie wenig zu suchen hat. Da irrt man sich.
Ausgerechnet an der Etymologie und überhaupt an der Sprachwissenschaft sieht man am deutlichsten, wie sehr der Eurozentrismus die Forscher verblendet. Fachbücher geben sehr oft „Griechisch" und „Lateinisch" als Abstammungssprache eines Lehn- oder Fremdworts im Deutschen an. Dabei handelt es sich in den selteneren Fällen um eine griechische oder lateinische Wortabstammung. Sehr wohl können diese beiden Sprachen als „Durchgangsstadium", nicht aber als Ursprung dienen. Bei den als griechisch bezeichneten Wörtern handelt es sich oft um Ausdrücke aus der Koine. Letztere wird oft fälschlich als Alt-Griechisch bezeichnet. Ansonsten handelt

es sich oft um Wörter arabischen oder koptischen Ursprungs. Die Etyma können direkt oder auch über die Koine, das „Griechische“ oder das Lateinische, teilweise auch über weitere Zwischenstadien – z.B. Spanisch, Italienisch, Französisch – in die deutsche Sprache gekommen sein.

„Etymologie“ ist ein Fachgebiet, das durch Voreingenommenheit schwer belastet ist. Die Forscher halten den Balken vor den eigenen Augen für die ganze Welt. Viel weiter als Rom und Athen können sie nicht blicken.

Etymologien entwickeln sich über Jahrhunderte. Deshalb kann man sie selten empirisch belegen. Darum sind Linguisten zur äußerst sorgfältigen Ableitung der einzelnen Stufen der langen Evolution von Vokabeln und ihrer Semantik verpflichtet. Zur Etymologie gehört auch die Rekonstruktion des historischen Kontextes von Begriffen. Da die europäische Forschung allgemein die ägyptische und die arabische Vorgeschichte der europäischen Kultur vernachlässigt, greift sie viel zu kurz. Hinzu kommt, daß Vulgäretymologien die Linguistik unterwandern. Dadurch vermag sie oft nur pseudowissenschaftliche Ableitungen zu liefern.
Hier ist nicht der Ort, auf Fälle und Beispiele im einzelnen einzugehen. Dafür habe ich in meinen Publikationen im inhaltlichen Zusammenhang fälschliche Etymologien aufgegriffen, besprochen und korrigiert.

Dualismus

Dualismus ist zu definieren durch seinen Gegensatz: Die „Einheit“.

Einheit ist kein Gegensatz zur Vielfalt.
Einheit ist Gegensatz zu Dualismus.
Dualismus ist die Spaltung der Menschheit in zwei Kategorien:
Herrscher und Unterdrückte, Ausbeuter und Ausgebeutete,
Aggressoren und Opfer, die Weißen und die Schwarzen, wobei „weiß“ und „schwarz“ keine Hautfarbe, sondern eine politische Einstellung bezeichnen.

Dualismus ist Krieg: Die einen sind die Angreifer, die anderen die Opfer.

Dualismus ist Imperialismus. Die einen wollen herrschen, die anderen wehren sich.
Dualismus ist Ungleichheit, Ungerechtigkeit, Unfreiheit.
Dualismus schürt Zwietracht und spaltet.
Dualismus ist destruktiv und autodestruktiv.
Dualismus zersetzt und zerstört, zu allererst sich selbst, denn niemand kann andere zerstören, ohne zuvor sich selbst zu zerstören.
Dualismus vernichtet die Welt, die Menschen und sich selbst.
Dualismus ist nekrophil.
Wir leben in der gespaltenen Welt.
Wir leben im Dualismus.

Einheit contra Dualismus
Einheit sammelt. Sie verbindet und baut auf.
Einheit ist konstruktiv.
Einheit ist biophil.
Einheit ist Gleichstellung, Gerechtigkeit, Freiheit, Liebe, Verschwisterung und Verbrüderung.
Sie sind ich. Ich bin sie.

16. Rückblick auf siebenundsiebzig Jahre

Für diese Epoche war ich vorgesehen. Zufälle gibt es nicht. In diese Zeit bin ich hineingeboren. Meine Laufbahn ist vorbestimmt. Ich habe einen Auftrag. Dazu sagte ich: „Ja! Ich muß meine Mission erfüllen, so wahr mir Gott helfe!"
Stets erfahre ich Beistand. Unerwartete Hilfe kommt – rechtzeitig und am richtigen Ort und vor allem mit den notwendigen Kolleginnen, Kollegen und Weggefährten, ohne die die Erfüllung des Auftrags nicht möglich gewesen wäre.
Sehr früh konnte ich mir klare Positionen, Prinzipien und Sichtweisen aneignen, die ich vertreten kann und die mit meinem Gewissen übereinstimmen.
Es ist höhere Gnade, daß ich keinen Beruf gegen mein eigenes Gewissen ausüben mußte, um materiell existieren und mich versorgen zu können. Das Evangelium sagt ein wahres Wort: „Sorgt Euch nicht!" (Matth. 6. 25)

Publikationen 2011

Karam Khella, Einführung, in: Schütt, ... und Jesus, ist sein Prophet – Ein Weihnachtsspiel nach dem Koran, Hamburg 2011. ISBN 978-9-3-939710-10-3
Karam Khella, Ägypten und Revolution, Hamburg Februar 2011. ISBN 978-9-3-939710-14-1
Karam Khella, Syrien, Hamburg 2011, ISBN 978-3-939710-18-9
Karam Khella, Die libysche Krise, Hamburg Mai 2011. ISBN 978-9-3-939710-15-8.
Karam Khella lesen, Hamburg Mai 2011. ISBN 978-9-3-939710-11-0.
Karam Khella, Sionismo Y resistencia Palestina – Historia y Actualidad, Traducido, resumido y actualizado por Lena Heizmann, Hamburg (1. Aufl.) 2011. ISBN 978-9-3-939710-13-4
Karam Khella, Zillis – Zur geistesgeschichtlichen Einordnung und ikongraphischen Analyse des Deckengemäldes der Kirche St. Martin in Zillis, Kanton Graubünden, Schweiz, herausgegeben von Eva und Markus Heizmann, Arlesheim Schweiz, Hamburg 2011. ISBN 978-9-3-939710-16-5
Ein Mensch namens Karam Khella – Die Autorbiographie – eine Erkenntnisbiographie, Hamburg 2011. ISBN 978-9-3-939710-12-7

Keine Wahl!

Die Zeit, in die ich hineingeboren wurde, habe ich nicht gewählt; meine Eltern vielleicht. Aber auch sie waren an Zeit und Raum, innerhalb derer sie lebten und handelten, gebunden. Dadurch war der Grad ihrer Bewegungsfreiheit umschrieben.
Hätte mich der liebe Gott vor das Spektrum der Epochen gestellt und mich gefragt: Karam Khella, in welcher dieser Epochen willst Du zur Welt kommen? Da hätte ich bestimmt nicht diese Epoche, das 20.-21. Jahrhundert n. Chr., gewählt.
Ich wurde nicht gefragt und bin gegen Ende des zweiten Jahrtausends zur Welt gekommen. Zweidrittel des zwanzigsten Jahrhunderts mit all ihren tiefgreifenden Ereignissen bilden den ersten Teil meines Lebens. Über diese und die folgenden Jahrzehnte schreibe ich als unmittelbarer Zeitzeuge: Weltkriege, Atombombenabwürfe, andere schreckliche und wenig erfreuliche Handlungen, die mit meiner eigenen Lebensgeschichte korrelieren.
Ich erlebte aber auch und erlebe ich heute noch viele positive und konstruktive Entwicklungen, die andere Seite der Geschichte: Herausbildung, Auf- und Ausbau von Befreiungsbewegungen, Unabhängigkeit von Staaten des Südens und anderes mehr.

Jetzt, nachträglich, empfinde ich es als eine große Ehre, daß ich gerade für diese Zeit vorgesehen bin. „Ehre“ heißt auch „Verpflichtung“.

Zufälle gibt es nicht. Die Zeit meines Lebens habe ich nicht ausgesucht. Auf die Wahl der Räume habe ich wenig Einfluß. Ich habe gelernt, die Zeit und den Raum meines Lebens zu akzeptieren.
Wann immer sich mir eine Aufgabe stellt, sind die Menschen, die dazu notwendig sind, stets dabei. Sie helfen tatkräftig mit. Auch das ist kein Zufall. Das Erkennen, was Aufgabe und was zu tun ist, wird plötzlich klar. Über den Auftrag ist nicht zu rätseln. Die Bedingungen zum Handeln werden sich zeigen. In der gegebenen Situation ergibt sich ein Spektrum von Handlungsalternativen: Kontern, Gegensteuern, im anderen Fall die Ärmel hochkrempeln, vorantreiben, mit aufbauen, auf alle Fälle die Stimme erheben.
Daß wir zusammen sind, daß wir gemeinsame Erkenntnisprozesse teilen und geschlossen handeln, gehört zu dieser höheren Planung, die nicht wir bestellt haben, sondern für die wir bestellt sind.

Ich habe früh gelernt:
Pessimismus, Skeptizismus, Nihilismus – Nein danke!

Stets optimistisch bleiben! Optimismus ist nicht nur eine Einstellung, sondern auch Praxis.

Ich werde oft gefragt: Karam – was würdest Du tun, wenn Du Dein Leben wieder von vorn beginnen solltest?
Meine Antwort: Dasselbe, wie bisher, noch einmal!

Ich habe eine Gemeinde!

Ich habe eine Gemeinde
Meine Gemeinde ist die Welt.
Meine Feinde sind die Feinde der Menschheit.
Sie zerstören und vernichten
Und wollen dabei nicht gestört werden.
Sie verfolgen mich, weil ich sie störe.
Ich störe sie bei ihrem Zerstörungswerk.

Rechenschaft eines Lehrers

Alles in meinem Leben steuerte darauf hin, Lehrer zu sein. Die Altersgruppen der Adressaten meines Unterrichts waren sehr unterschiedlich, sie reichten von ganz jung bis ins Greisensalter.
Die meiste Zeit lehrte ich an Universitäten und Hochschulen. Die Ausbildungsaufträge, die mir erteilt wurden, führten mich durch viele und unterschiedliche Einrichtungen. Die Studierenden vertraten eine Vielfalt von Fachrichtungen. Durch die Ausbildung sind sie oft zu Multiplikatorinnen und Multiplikatoren geworden.

Meine akademischen Seminare erfreuten sich einer menschlichen Atmosphäre.
Die Lehrveranstaltungen stießen auf große Liebe bei Teilnehmerinnen und Teilnehmern. Studierende kamen gerne zu mir, auch wenn sie es nicht mußten. Nicht wenige frequentierten meine Seminare über viele Semester und Jahre. Auch Gasthörer sind willkommen.

Der Lehrbetrieb hob sich inhaltlich, thematisch, methodisch und vor allem menschlich gegenüber dem bürgerlichen Muster ab.
Problemlagen werden aufgestellt und konkretisiert. Lehrer und Lehre orientieren auf die Lösungsmöglichkeiten hin. Mit klarem Sinn für Wesentliches steuern wir auf die Erkenntnisziele zu. Mit bemerkenswerter Kooperationsbereitschaft trägt die Lerngemeinschaft den kollektiven Erkenntnisprozeß mit.
Stets herrscht ein gutes und angenehmes Betriebsklima vor. Ein konstruktiver Kommunikationsstil ist die Regel. In den Sprechstunden tragen die Kommilitonen neben ihren fachlichen Fragen auch ihre persönlichen Probleme zur Beratung vor.

Ich wollte aber nicht nur innerhalb universitärer Mauern unterrichten („intra muros“). Ich bin auf die Straße gegangen und habe vor Massen gesprochen („extra muros“). Meine Öffentlichkeitsarbeit erreichte Menschen aller Schattierungen. In Stadtteile mit einer Bevölkerung ohne Zugang zu Hochschulen oder gar zu Bildungseinrichtungen bin ich gegangen und habe, oft im Alleingang, Langzeitkurse oder mittelfristig aufgebaute Lehrgänge durchgeführt. In der Stadt und auf dem Land bin ich stets in Ehren aufgenommen worden. Alle Erleichterungen zur Vermittlung von Lehre und Orientierungen werden mir zur Verfügung gestellt. Für diesen großen Vertrauensvorschuß bin ich stets sehr dankbar.

Lob des Alters

Gesegnet sei ein langes Leben. Jeder soll es sich selber und anderen wünschen, aber auch gut nutzen.

Das Alter bringt viele Vorteile mit sich:
Man lernt, seinen Sinn für Wesentliches zu schärfen. Die Bedeutung von Sachverhalten wird genauer geprüft, gegebenenfalls relativiert.
Man lernt, Wesentliches vom Nebensächlichen zu unterscheiden und auf Wesentliches abzuheben. Nebensächlichkeiten werden als solche behandelt.

Im Alter wird man freier von Legitimationszwängen.

Der Jugendkult und die Geschlechterspannung zerstören nicht nur die Beziehungen zu anderen Menschen, sondern auch zu sich selbst.

Älterwerden schärft den Sinn für das Relativitätsprinzip.
Einst standen Menschen um vierzig in meinen Augen nächst zu den Eltern.
Jetzt empfinde ich sie als eigene Schüler.

Im Alter reift der Sinn für Größenordnungen aus. Man sieht nicht mehr nur den Moment. Die Realität bleibt nie stehen. Man fixiert nicht auf den Augenblick, man sieht auch den Prozeß; vielmehr noch, man sieht Prozesse im Werden. Man sieht nicht nur den Punkt, sondern auch die Bezüge. Man betrachtet die Dinge nicht eindimensional, sondern multidimensional. Das gilt ebenso für gesellschaftliche Vorgänge wie in den Begegnungen von Mensch zu Mensch. Man sieht nicht nur den jungen Menschen, sondern – gleichzeitig – den integrierten Menschen, vom Kleinkind bis zum Greis. In all seinen Lebensstadien gilt ihm der gleiche volle Respekt. Dem tut es keinen Abbruch, daß die Achtung vor dem Menschen steigt, je älter er wird.

Erkenntnisprozesse beanspruchen die für sie notwendige Lernzeit. Es gibt Inhalte, die im Bruchteil einer Sekunde erlernt, andere dauern länger, wiederum andere ein ganzes Menschenalter. Nutze jede Chance zum Lernen! Zum Lernen ist es nie zu spät!

Im Alter lebt der Mensch viel intensiver. Das Hier und Jetzt gewinnt an Bedeutung. Man achtet auf den aktuellen Zeitpunkt und nicht nur auf die Zukunft. Man sieht, was geworden ist ohne allein in der Sphäre dessen zu schweben, was kommen soll. Und man verliert nie die Hoffnung auf bessere Zukunft.

Mit dem Alter wird man weiser.
Umso schlimmer für die, welche nicht ein bißchen weiser werden.

Wünsche jedem, der Dir lieb ist, den besten Wunsch, den es überhaupt gibt: Wünsche jedem ein langes und gesundes Leben!

Projekt Autobiographie

Oft wurde ich von verschiedenen Seiten aufgefordert, meine Biographie zu schreiben. Vor diesem Auftrag erschrak ich. Dieses Leben ist in Sprache und Worten nicht faßbar. Es ist nicht satzförmig zu beschreiben. Jedesmal, wenn mir der Gedanke durch den Kopf ging, meine Geschichte niederzuschreiben, versuchte ich, mir diesen Gedanken sofort aus dem Kopf zu schlagen. Mein Leben in Buch oder Bücher zu formulieren, sei schier nicht machbar!

Irgendwie, mehr zufällig und sporadisch, notierte ich Gedanken zu meinem Leben, die mich gerade bewegten. Ich heftete sie ein, ohne die Absicht, je daraus ein Buch zu machen. Mit der Zeit sammelte sich eine Anzahl Blätter. Ich heftete sie in einen Ordner ab, weil ich sie nicht entsorgen wollte. Schließlich handelt es sich um Lebenserinnerungen.

Bei der Vorstellung von einem buchstäblich unbeschreibbaren Leben ist es geblieben. Auch nach Vorlage der Notizen, die in diesem Buch zusammengestellt sind, liegt keine Lebensgeschichte vor.

Die hier beschriebenen Momente sind zu vergleichen mit denen eines Reisenden, der bei einem Aufenthalt an einer Station einige Szenen während Sekunden oder Bruchteilen einer Sekunde registriert und weiterfährt. Andere Beobachtungen macht er, als er aus dem Fenster des rasenden Zugs hinausschaut. Es sind Momentaufnahmen, Fragmente, – mehr nicht!

Hier finden sich einige Lebenserinnerungen. In meinen Büchern kommen im inhaltlichen Zusammenhang auch Momente aus meinem Leben vor. Andere Texte haben ihrerseits bestimmte Umstände und zeitlich aktuelle Situationen aus meinem Leben dargestellt und als „Dokumentationen" der Repression und des Widerstands festgehalten. Es sind kostbare Zeugnisse, die wirklich nur von den Solidarität tragenden Kräften haben entstehen können. Der Verfolgte vergegenwärtigt selbst sich nur ungern Unrecht und Verfolgung. Persönlich habe ich in den vorliegenden Memoiren das Thema „Verfolgung" zwar erwähnt, bin aber nicht näher darauf eingegangen. Andere tun es besser als ich.

Erinnerung – Ein Schatz, den uns keiner wegnehmen kann.

Erinnerung ist der größte Reichtum, den der Mensch wirklich besitzt. Es gibt Lebewesen, deren Erinnerungsvermögen nur Bruchteile einer Sekunde bis zu Minuten hält. Andere verfügen über ein Langzeitgedächtnis. Das Kamel kann sich nach Jahrzehnten an jemandem rächen, der ihm weh getan hat. Andererseits bleibt das Kamel einem Menschen treu, der ihm vor Jahrzehnten eine Gefälligkeit getan hat.
Der Mensch verfügt über beides, Kurz- und Langzeitgedächtnis. Gewisse Erinnerungen begleiten ihn ein Leben lang. Er hat die Fähigkeit, sich beliebig Erinnerungen zu vergegenwärtigen – traurige und erfreuliche. Er kann mitbestimmen, was in den Vordergrund tritt. Der Mensch hat die Gabe, Erinnerungen aufzuarbeiten. Auch die Verdrängung von Erinnerungen kann als Mittel der Selbsthilfe genutzt werden. Menschen können sich selber oder andere quälen, in dem sie die Gewalt der Erinnerung einsetzen.
Memoiren sind ein Medium der Aufarbeitung von Erinnerungen.

Meine Autobiographie verstehe ich als einen Rechenschaftsbericht. Ich erhebe nicht den Anspruch auf Vollständigkeit. Alles ist selektiv. Zufälligkeiten spielen auch mit eine Rolle, was notiert und was auf Papier nicht festgehalten werden konnte. Diese Autobiographie nutze ich für den Zweck, Momente meines Lebens erstmalig Jahrzehnte nach dem Geschehen zu berichten. Bemerkenswert ist, daß manches, was sehr bedeutsam ist, erst viel später registriert wird.

Einen Großteil meines Lebens habe ich an Universitäten in verschiedenen Kontinenten verbracht.

Zeitlos ist die Erinnerung an Lehrveranstaltungen, Hörsäle, Bibliotheken, Forschungslabors, Bahnhöfe, Cafeterias und Fernzüge, vor allem aber an Kollegen, Studierende und Menschen innerhalb und außerhalb der akademischen Sphäre.

Dialoge, Gespräche, Diskussionen, Debatten, Auseinandersetzungen sind nicht nur ein Gedächtnisinhalt, sondern auch ein Erkenntnisprozeß.

Bemerkenswert ist auch, daß Repression und Verfolgungen, so oft sie gegen mich verübt wurden, mein Gedächtnis weder beherrschen noch betrüben. Man lernt, Wut in Mut, Empörung in Entschlossenheit zu verwandeln. Der Fall Karam Khella ist Leben und Überleben unter Repression und im Widerstand. Unzertrennlich sind Theorie und Praxis. Sie sind die beiden Seiten einer Medaille. Die Medaille ist das Leben.
Motivierend und stärkend ist die Erinnerung an Solidarität, Beistand und Unterstützung, die ich empfangen und die ich leisten durfte.
Von bleibendem Wert ist das Denken an Initiativen, Projekte, Aktionen, Handeln und Praxis. Die Reflektion meiner Lebensepoche geht in meinem Kopf weiter.
Ständige Erneuerung soll das Leben begleiten. Kontinuität und Innovation werden über Generationen fortgesetzt.

Ewig ist das Erlebnis von Begegnungen, Kommunikation, Freundschaft und Liebe.

Erinnerungen sind ein Schatz, den uns keiner rauben kann.

Ich bin, der ich bin

Sollte mir etwas passieren und eine Todesanzeige aufgegeben werden, dann bin ich der einzige unseres Bekanntenkreises, der sie nicht liest. Darum sage ich Euch jetzt: Denkt nicht an Selbstmord, das habe ich nicht vor. Ein behaupteter „Unfall" kann vorgetäuscht werden. Wäre es ein natürlicher Tod oder eine Krankheitsfolge, dann hättet Ihr es vorher gewußt.

Ich trage die volle Verantwortung für meine Theorie und meine Praxis. Sie sind Humanismus und dienen dem Wohl aller Menschen. Sie sind gegen Diskriminierung, Unterdrückung und Ausbeutung gerichtet. Genau das ist es, was zur Aufrüstung der feindlichen Front gegen mich führt. Sie umfaßt alle menschenfeindlichen Kräfte von A bis Z: Aggressoren über NATO und US-Imperialismus bis zum Zionismus.
Mit jedem neuen Buch steigern sie ihre Repression gegen mich.
Aus Gottes Gnade bin ich, der ich bin.
Ich bleibe und schreibe.

Rechenschaft über ein Leben

Nun bilden Wort und Schrift den Hauptinhalt meiner Lebenspraxis. Die Entstehung eines Werkes durchläuft zwei aufeinander folgende Stadien. Das erste wird von außen getrieben, „exogenes Stadium", das zweite ist durch die innere Bewegtheit bestimmt und gesteuert: „endogenes Stadium".

Exogenes Stadium meiner Schriften
Meine bisherigen Arbeiten sind Analysen von geschichtlichen oder gegenwärtigen Ereignissen, die mich bewegt haben. Dazu habe ich Abhandlungen verfaßt, die meine Sichtweise zu Tatbeständen außerhalb meiner selbst und wie ich darauf reagiere, darstellen. Forschung und fachgerechte Aufarbeitung sind die Mittel meiner Auseinandersetzung mit dem Geschehen.
Die Ereignisse müssen eine solchermaßen Eigenkraft haben, daß sie in mir eine seelische und geistige Dynamik auslösen, die sich in konstruktive Energie auf die meist destruktiven Handlungen um-

setzt: Konstruktiv sein kontra äußere Destruktivität. Positive Energie gegen die Negativität setzen!

Es finden in mir zwei aufeinanderfolgende innere Prozesse statt, die mich innerlich und mental in Bewegung setzen:

Interiorisation
Ein äußeres Ereignis („actio“) wird innerlich verarbeitet. Das ist der Vorgang der Verinnerlichung von Handlungen, die exogen, außerhalb von mir, stattfinden. Das Ereignis findet außerhalb von mir, gegebenenfalls gegen meinen Willen statt. Es wirkt in mir seelisch und geistig.

Exteriorisation
Auf den Vorgang der Interiorisation folgt die Exteriorisation.
Den Vorgang der Bildung innerer Bewegtheit („Interiorisation“) nach Außen zu vermitteln ist die Exteriorisation. Ihre Mittel sind Wort, Schrift und Aktion.

Wenn man sich mit der Menschheit in ihrer Ganzheit identifiziert, dann gibt es kein „fernab hinter der Türkei“. Der Angriff gegen einen Menschen auf der anderen Seite des Globus ist ein Anschlag gegen mich selbst. Ich muß an die Menschen in meinem Einzugsgebiet, das ist die Erde, appellieren, sich mit mir zu verbünden und mit den Betroffenen zu solidarisieren, um den Schaden abzuwenden. Diesen Appell, die innere Bewegtheit nach Außen zu tragen, bezeichne ich als „Exteriorisation“. Äußere Ereignisse, die ich verinnerlicht habe, teile ich den Mitmenschen mit. Meine innere Reaktion schlägt in Praxis nach Außen um. Das ist weder Fremdhilfe noch Nachbarschaftshilfe, sondern Selbsthilfe.
Der Fernste ist der Nächste.
Sie sind ich, ich bin sie.

Im geringsten Fall handelt es sich um eine sprachliche Antwort auf ein äußerliches Ereignis, das mich innerlich bewegt.

Selten belasse ich es bei der inneren Bewegtheit. Real kann ich nur einige wenige der mich bewegenden Ereignisse aufgreifen und so aufbereiten, daß ich sie öffentlich darstelle. Ich stelle mir so viele Aufgaben, wie ich sie in die Tat umzusetzen vermag. Ich äußere meine Antwort („reactio“) auf ein äußeres Geschehen („actio“).

Meine Antwort erfolgt
in Wort,
in Wort und Schrift,
in Wort, Schrift und Aktion.
Im Idealfall handelt es sich um eine dreifache Antwort.
Die unmittelbare Antwort ist die Kommunikation, die Teilung innerer Bewegtheit mit den Mitmenschen.
Meine Reaktionen auf die Ereignisse reichten selten dazu aus, die gewünschte Perspektive unmittelbar einzuleiten. Von meinen Adressaten wird sie zwar als richtig und wichtig geschätzt, bewegt jedoch nicht genug Menschen, um die gehegte Hoffnung einzuleiten.

Vor diesem Hintergrund erkannte ich die Notwendigkeit zu schreiben. Jene, die ich nicht durch das Wort oder durch die Demonstration erreiche, könnten meine Botschaft durch Schrift erfahren. Skripte werden uns überleben. Das, was meine Generation nicht geschafft hat, wird als Vermächtnis der Nachwelt überlassen.

Endogenes Stadium
Meine bisherigen Schriften stellen die Ereignisse, die ich behandle, in den Mittelpunkt des Interesses. Um diese Ereignisse geht es ja.

Noch nicht zur Geltung gekommen ist der innere Prozeß. Die Ereignisse und die öffentlichen Reaktionen darauf lösen in mir eine Bewegtheit aus, die mich zum Schreiben zwingt. Diese Kraft wird mit dem psychologischen Ausdruck „Motivation" bezeichnet. Als Produkt kommt das Ereignis, das als Auslöser und Treiber wirkte und ohne das ich keine Entbehrungen hätte in Kauf nehmen können, um zu recherchieren und es öffentlich zu machen, als Rede oder Schriftsatz verbalisiert. Das Ereignis bzw. seine Analyse wird geäußert, nach außen getragen. Nicht geäußert wird meine innere Bewegtheit. Diese wird zurückgestellt und bleibt im Verborgenen. Die Kühle des Wissenschaftlers, der „distanziert" beobachtet, wird demonstriert.

Dabei ist es die innere Bewegtheit, die in mir eine energiegeladene Motivation auslöst. Bald bricht sie als Vulkan aus und äußert sich als Schrift, Vortrag oder Aktion. Es ist die Lebenserfahrung eines Schriftstellers: Das spannendste an einem Buch steht nicht im Buch.

Nun ist es an der Zeit, daß ich ebenso meinen befreundeten, nahestehenden Menschen wie auch der breiten Öffentlichkeit etwas von meinem inneren Leben offenbare.

Eine Autobiographie scheint mir ein geeignetes Mittel zu sein. Die Entschlossenheit, sie zu schreiben, fiel mir nicht leicht. Sie wird von mir nie vollständig verfaßt werden. Sie bleibt ein Stückwerk. Doch eines ist besser als keines.
Ein Stückwerk ist dazu da, daß es anderen die Möglichkeit gibt, daran zu arbeiten.

Karam Khella ist am 07. Oktober 2022 in Hamburg verstorben

17. Mein Vermächtnis

Ich, Karam Khella, bin in vollem Besitz meiner geistigen Kräfte. Ich bekenne: Ich habe gelebt. Ich trage die volle Verantwortung für mein Wirken in Wort, Schrift und Tat.
Ich bin nicht angepaßt. Ich spreche und schreibe nach bestem Wissen und Gewissen die Wahrheit. Ich spreche und schreibe das widerständische Wort.
Meine eigene Lebensgeschichte, somit mein Wirken, ist von der Zeit, Weltgeschichte und internationalen Lage nicht abzukoppeln. Die Menschheit in ihrer Gesamtheit bildet den Gegenstand meines Denkens und Handelns.
Die besonderen historischen Bedingungen, unter denen ich lebe, haben das Wo, Wann, Wie und Was meiner Lebenspraxis vorgezeichnet. Der gesellschaftliche Ort meines Wirkens ist der Globus. Meine Gemeinde ist die Welt. Mein Adressat ist die Menschheit. Die konkreten Formen meiner Beiträge haben sich durch die Umstände ergeben, unter denen ich lebe: Raum, Zeit, regionale und internationale Lage.
Keine Aussage ist unabhängig von Raum, Zeit und Situation. So sind meine Theorie und Praxis. Sie sind vor dem Hintergrund der Geschichte und der Aktualität zu sehen. Ich analysiere die Weltlage im aktuellen Kontext. Ich betrachte sie mit Ausblick auf die Zukunft.

Meine Epoche, zwanzigstes und einundzwanzigstes Jahrhundert, ist geprägt durch Hypokrisie und öffentliche Lüge.
Gewalt, Ausbeutung und Unterdrückung, Aggression und Krieg herrschen vor.
Die Völker leisten Widerstand und verstärken die Hoffnung der Menschheit auf Selbstbefreiung.

Die Öffentlichkeit wird über die Realität getäuscht. Nachrichten werden manipuliert oder gefälscht. Bildung und Ausbildung produzieren gesteuerte Multiplikatoren und manipulierte Manipulatoren. Viele Menschen leben nicht in der Realität, sondern in einer pseudo-Realität.

Pessimismus, Skeptizismus und Nihilismus sind keine guten Ratgeber.
Hoffnung und unerschütterlicher Optimismus sind konstruktive Praxis.

Ich habe die Berufung, der öffentlichen Lüge entgegenzuwirken und die Wahrheit laut zu verkünden. Das tue ich in Wort und Schrift. Das ist Praxis.
Reden und Schreiben sind meine Mittel.
Die verschollene Wahrheit zu ermitteln und öffentlich zu machen, ist zu meiner Hauptaufgabe geworden. Dafür werde ich verfolgt und bestraft.

Mein Beitrag zum Emanzipationsprozeß der Menschheit ist gewiß gering.

Vieles von dem, was ich mir schon immer erträumt habe, Freiheit, Gerechtigkeit und Gleichheit aller Völker, werde ich vielleicht nicht mehr erleben.
Für das, was der Sinn der Geschichte sein soll, setze ich mich ein. Die Menschheit soll sich mit sich selber versöhnen. Wohlergehen soll allen widerfahren, das ist der Sinn meines Lebens. Das ist mein Vermächtnis an die Nachwelt. Ihr ist es auferlegt, das Werk zu vollenden, was die bisherigen Generationen und meine eigene Generation nicht hat vollenden können.

Wer nach uns kommt, darf nicht dort beginnen, wo wir angefangen, sondern dort, wo wir aufgehört haben. Unsere Fehler dürfen nicht wiederholt, unsere Erfolge nicht verspielt werden. Die punktuelle Befreiung des Menschen, soweit sie in Teilen der Erde realisiert ist, darf nicht rückgängig gemacht, vielmehr muß sie ausgebaut und vollendet werden. Für diese, wenn auch nur minimalen Erfolge, haben Generationen gekämpft. Unzählige Freiheitskämpfer haben dafür ihr Leben geopfert. Die lebenden und nachfolgenden unterdrückten Menschen haben nicht nur das Recht, sondern auch die Verpflichtung zur Selbstbefreiung. Das Werk der Emanzipation und Selbstverwirklichung schulden die Überlebenden den Märtyrern.

Emanzipation und Selbstverwirklichung beginnen erst im Kopf und werden dann praktisch umgesetzt. Niemand ist frei, wenn andere auf der Welt unterdrückt sind. Darum Emanzipation hier und jetzt!

Karam Khella
im Sommer 2011

Vorträge von Karam Khella im Theorie-und-Praxis Verlag Februar 2011 – April 2018

	Datum	Titel
1	10. Februar 2011	Der tausendjährige Krieg
2	07. Juli 2011	Der Staat Palästina im Völkerrecht – Zur Aufnahme Palästinas in die UNO
3	05. Oktober 2011	Vortrag in Costa Rica: La primavera árabe y su impacto en cl Mundo Occidental – Análisis desde una teoría universalista del conocimiento y de la historia
4	27. Oktober 2011	Karam Khella präsentiert "Karam Khella lesen"
5	17. November 2011	Ghazali – Die Renaissance eines umstrittenen Philosophen
6	04. Juli 2012	Der Philosophenstreit
7	25. Oktober 2012	Die Menschen bei Marx
8	07. März 2013	Marx Trilogie
9	04. April 2013	Jesus und die Ursprünge des Christentums
10	24. Oktober 2013	Die Gnosis
11	16. Januar 2014	Die Aggression gegen Syrien und der subversive (Medien-) Krieg
12	06. März 2014	Medien und Hirnwäsche
13	08. August 2014	Gnosis
14	15. Januar 2015	Einführung in die Universalistische Geschichtstheorie von Karam Khella (Seminar)
15	15. Januar 2015	Zur Entdeckung der Geschichte
16	30. Mai 2015	Wer sind die Araber? 'Arabische Identität' (Universität Hamburg)
17	03. Oktober 2015	LügeMachtKrieg (mit Brigitte Dottke)
18	22. Oktober 2015	Die Entdeckung der Vernunft
19	14. Januar 2016	Der Mensch – was ist das?
20	12. Februar 2016	Die Kopten in der Neuzeit (Museum für Völkerkunde Hamburg)
21	12. Mai 2016	Hundert Jahre Sykes-Picot – Der 1. Weltkrieg und der Süden
22	04. August 2016	Der Neue Mensch
23	27. Oktober 2016	Der Neue Mensch
24	06. April 2017	Bandung und der Weltfrieden
25	26. April 2018	Syrien in Geschichte und Gegenwart